I0126368

Reprint Publishing

FÜR MENSCHEN, DIE AUF ORIGINALE STEHEN.

www.reprintpublishing.com

Naturwissenschaftliche Elementarbücher.

Botanik

von

A. de Bary

Professor an der Universität Straßburg.

Mit Abbildungen.

Zweite, verbesserte Auflage.

Straßburg

Verlag von Karl J. Trübner

1884.

Straßburg, Druck von J. H. Ed. Heitz.

Vorwort.

Das vorliegende Buch verdankt seinen Ursprung der an den Verfasser ergangenen Aufforderung, eine deutsche Ausgabe der „Botanik" zu besorgen, welche zu der Serie englischer Elementarbücher gehört, deren deutschen Übersetzungen es sich anschließt. Der Verfasser hielt es für geboten, in einem naturwissenschaftlichen Elementarbuche eine andere Methode des Unterrichts zu befolgen, und eine andere Umgrenzung des Stoffes zu geben, als das englische Buch thut; er hat aus diesem Grunde letzterem nichts als eine Anzahl Abbildungen entnommen. Jene Methode besteht darin, vor allen Dingen zu möglichst eingehenden und scharfen Beobachtungen und dann zu folgerichtiger Ableitung allgemeiner Anschauungen aus diesen anzuleiten. Soll sie aber befolgt werden, so muß auch der zu gebende Stoff nach Möglichkeit in denjenigen Grenzen gehalten bleiben, innerhalb welcher sich die eigene Beobachtung des Schülers, für den ein Elementarbuch bestimmt ist, zu bewegen vermag. Daß es außerhalb dieser Grenzen noch vieles sehr wichtige und wissenswerte giebt, wird dem Schüler alsdann bei einiger Aufmerksamkeit von selbst einleuchten, soll aber auch hervorgehoben werden.

Für die Anleitung zur Beobachtung wurde eine Anzahl fast überall leicht zugänglicher, wildwachsender und kultivierter Pflanzen-Arten als Beispiele gewählt. Der Lehrer kann dieselben leicht vermehren oder nötigenfalls durch andere, ähnliche ersetzen.

Dieselben wurden selbstverständlich zunächst und zumeist aus den Abteilungen der blütentragenden Pflanzen genommen. Sie durften aber nicht ganz auf diese beschränkt bleiben, weil ein Überblick über die Haupt=Erscheinungen des Pflanzenreiches ohne Berück= sichtigung der niederen Gewächse unmöglich gewonnen werden kann; und daß auch letztere eine elemen= tare Darstellung zulassen, davon werden die betref= fenden Abschnitte hoffentlich den Nachweis liefern.

Diese wenigen Worte zur Orientierung der Geüb= teren, insonderheit der Lehrer. Den Anfänger bitte ich, die Lektüre erst mit Seite 1 zu beginnen und langsam bis zur letzten Seite weiter zu lesen. Wenn das geschehen ist, dann kann beliebig da und dort nachgeschlagen werden; vorher bitte ich das nicht zu thun.

Straßburg, 1. November 1878.

A. de Bary.

Inhalt.

Botanik.

Einleitung.

1. Wenn wir im Frühjahr spazieren gehen durch die Felder und in den Wald, so finden wir überall grünende und blühende Gewächse. Viele derselben sind von einander sehr verschieden, wir unterscheiden sie leicht unter besonderen Namen. Und doch haben sie wiederum vieles mit einander gemein, das merkt jeder und nennt darum alle zusammen mit dem gemeinschaftlichen Namen Pflanzen.

Denkt man über diese Erfahrung ein wenig nach, so wird man sich fragen, worin denn eigentlich jene Unterschiede und jene Übereinstimmung bestehen. Das führt zu dem Versuch, die gefundenen Pflanzen mit einander zu vergleichen. Nun sieht man aber sofort ein, daß dies nur dann gelingen kann, wenn jeder der Gegenstände, welche mit einander verglichen werden sollen, zuvor genau bekannt ist. Um unsere Fragen beantworten zu können, müssen wir daher zuerst die einzelnen Pflanzen kennen lernen.

Die flüchtige Betrachtung ist ein erster Schritt auf diesem Wege. Ein blühender Kirschbaum hat ein ganz bestimmtes Aussehen, an dem ihn jeder von weitem

kennt. Worin besteht das aber? Hierüber muß man
sich Rechenschaft geben, sobald man den Baum etwa
beschreiben oder zeichnen will, und da läßt uns das
flüchtige Ansehen bald im Stich. Wir werden not=
wendig darauf geführt, bestimmt zu fragen, aus was
für Stücken oder Gliedern ist der Baum aufgebaut.
Sehen wir sie dann genauer an, so zeigt jedes be=
stimmte Formen; wir entdecken alsbald, daß alle in
bestimmter Anordnung aneinander gefügt sind, wie
die Stockwerke, Zimmer, Steine und Balken eines
Gebäudes. Von allen diesen einzelnen Dingen müssen
wir uns genau Rechenschaft geben; die Dinge be=
trachten mit der bestimmten Frage, wie sie sind,
das heißt beobachten und untersuchen. Um
die einzelnen Stücke oder Glieder genau untersuchen
zu können, ist es oft nötig, sie aus ihrem Zusam=
menhang zu trennen, das Ganze zu zergliedern.

Hat man die Untersuchung und Zergliederung
eines Teils, einer Blume z. B., begonnen, so be=
merkt man oft einzelne Glieder, welche so klein sind,
daß man sie mit bloßem Auge nicht mehr recht
unterscheidet; so in der Blüte des Kirschbaums
z. B. den grünen Körper in der Mitte, welcher zur
Kirsche werden soll, und das, was in ihm ist. Um
dem Auge zu Hilfe zu kommen, muß man hier Ver=
größerungsgläser anwenden. (Vgl. Physik, S. 108.)
Je besser und stärker ein Vergrößerungsglas ist,
desto weiter wird man kommen, und in der That,
wenn man jene sehr starken Vergrößerungsgläser, die
Mikroskope genannt werden, benützt, kann man
die Zergliederung fortführen bis zur Erkennung
äußerst kleiner Teile, von denen die Betrachtung

mit bloßem Auge keine Ahnung giebt. Die Anwendung des Mikroskops erfordert aber viele Übung und Vorkenntnisse, wir lassen es daher hier ganz beiseite. Wir nehmen uns höchstens ein schwaches Vergrößerungsglas, eine Lupe, wie sie für 1 bis 2 Mark beim Optiker zu kaufen ist; hiermit, und für die Zergliederung mit einem Federmesser und einer spitzen Pinzette, wie sie die Uhrmacher gebrauchen, kann man schon recht weit kommen. Weit mehr aber als auf alle diese Werkzeuge kommt es auf recht scharfe Aufmerksamkeit an.

Wenn man den Kirschbaum im Hochsommer betrachtet oder untersucht, so findet man an ihm anderes als zur Blütezeit; er hat jetzt mehr Laub als damals, und statt der Blüten trägt er reife Kirschen. Im Winter sieht er wieder anders aus, Laub und Kirschen sind fort, an den Zweigen sitzen nur braune Knospen. Ähnliches beobachtet man bei allen Pflanzen. Die Beschaffenheit einer und derselben Pflanze ist also nicht zu jeder Zeit die gleiche, sondern zu verschiedenen Zeiten verschieden; sie erleidet fortwährend Veränderungen. Wir nennen den Gang dieser Veränderungen den Entwicklungsgang, die Entwicklung. Um eine Pflanze nun wirklich zu kennen, ist es notwendig, ihre Entwicklung zu beobachten, zu untersuchen, wie ein Zustand aus einem andern hervor- und in einen späteren übergeht. Ohne dieses würde man ja einen fruchttragenden Kirschbaum nicht für denselben Baum halten können, welcher drei Monate vorher Blüten trug.

Wir wollen nun in diesem Buche suchen, den Entwicklungsgang einzelner Pflanzen, ihren Aufbau und

ihr Verhalten in den verschiedenen aufeinander
folgenden Entwicklungszuständen kennen zu lernen,
die gewonnenen Kenntnisse jedesmal mit einander
vergleichen und sehen, was daraus zu lernen ist.
Dasselbe, was wir uns hier vornehmen, für alle
Pflanzen und mit Rücksicht auf alle dabei auftreten-
den Fragen zu thun, ist die Aufgabe der Pflanzen-
kunde oder Botanik. Der Weg, welchen wir einschlagen,
wird uns daher in diese einführen.

Die Rapspflanze und ihre Verwandten.

2. Auf unserm Frühlingsspaziergang begegnen wir
einem in Blüte stehenden Rapsfeld. Wir nehmen einen
Stock aus demselben heraus und untersuchen ihn,
sowohl was von ihm über dem Boden ist, als was
in diesem steckt.

Vom Boden erhebt sich senkrecht der Stengel
oder Stamm und an ihm sitzt das grüne Laub,
die grünen Blätter. Jedes Laubblatt steht in
einer andern Höhe und sieht nach einer andern
Seite, wie das nächst untere und das nächst obere;
man nennt sie nach dieser Anordnung einzel-
ständig oder wechselständig. Auf den ersten
Blick ist in der Anordnung sonst wenig Regelmäßigkeit zu bemerken. Faßt man aber die Ansatzstellen
schärfer ins Auge, was am leichtesten geht, wenn
man die Blätter selbst dicht bei der Ansatzstelle abgeschnitten hat, so zeigt sich, daß sie sehr regelmäßig
stehen; sie bilden an dem senkrecht gestellten Stengel
gerade, senkrechte Reihen und zwar entweder 5 oder
8. In dem ersten Falle steht jedes sechsthöhere, in

dem zweiten Falle jedes neunthöhere gerade über dem ersten.

Zwischen zwei von unten nach oben auf einander folgenden Blattansätzen ist jedesmal ein Stengel= stück ohne Blatt: der ganze Stengel besteht aus solchen wie Stockwerke eines Hauses über einander gestellten Stücken; man kann diese daher die Stock= werke des Stengels nennen. Und man sagt ferner, das Blatt, welches ein Stockwerk oben begrenzt, ist das zu diesem gehörige. In dem obern Teile des belaubten Stengels sind die Stockwerke mehrere Zoll hoch; weiter nach unten werden sie niedriger, kürzer; die untersten sind so niedrig, daß die aufeinander folgenden Blattansätze einander fast berühren. Man unterscheidet hiernach in verschiedenem Grade ge= streckte und verkürzte Stockwerke.

Jedes Stockwerk hat ohngefähr die Gestalt einer Walze; sein Querdurchschnitt ist rund, seine Ober= fläche (in der Regel) glatt.

3. Die Laubblätter der Rapspflanze am untern Teil des Stengels lassen leicht zwei Teile unter= scheiden: einen schmalen, dem Stengel ansitzenden Stiel, und die von diesem getragene flache Aus= breitung, die Spreite des Blattes. Besonders deutlich an letzterer, aber auch am Stiel unterscheiden wir eine dem Stengel zugekehrte innere, und eine ihm abgekehrte äußere Fläche, und da die Spreite gewöhnlich wagrecht oder wenig schräg steht, ist die äußere Fläche dem Boden zugewendet, also die untere, die innere die obere.

Der Gesamtumriß der Spreite ist etwa lang= gezogen oval, aber der Rand, in welchem obere und untere Flächen zusammenstoßen, ist nicht glatt, sondern mit Einschnitten versehen: größere, tiefer einspringende, welche die Spreite in ungleiche Lappen trennen, und kleinere, weniger ungleiche, welche in den Rand jedes Lappens Zähne einschneiden. Durch das Mittelstück, in welchem die Lappen zusammenhängen, verläuft die Mittelrippe, nach unten vorspringend, in der Fortsetzung des Stieles.

Nicht alle Blätter unserer Pflanze sind gleich groß und gleich gestaltet; vielmehr nimmt gegen den obern Teil des Stengels hin die Größe ab, der Rand wird weniger eingeschnitten, der Stiel kürzer; letzteres oft bis zum Verschwinden, so daß die Spreite dem Stengel dicht ansitzt. Solche Blätter nennt man ungestielt oder sitzend.

4. Wenn der aus dem Boden vortretende Stengel unserer Pflanze einigermaßen kräftig ist, so trägt er da, wo die Laubblätter stehen, Zweige oder Äste, welche ihm in allen Teilen, besonders auch in der Blattbildung, vollkommen ähnlich sind. Die Zweige stehen an fest bestimmten Orten, nämlich immer in dem Winkel zwischen der Oberseite eines Blattansatzes und dem nächsthöheren Stengelstockwerk. Man nennt diesen Ort den Blattwinkel oder die Blattachsel. Das Blatt, in dessen Winkel ein Zweig steht, wird das Stützblatt oder Deckblatt dieses Zweiges genannt. Da jeder der Zweige alle Eigenschaften eines beblätterten Stengels hat, so kann man ihn auch Stengel nennen; man unterscheidet dann den Hauptstengel und die aus seinen Blattwinkeln entspringenden seitlichen.

5. An seinem Grunde setzt sich der Hauptstengel

in den Boden hinein fort in die Haupt=Wurzel. Diese ist nicht grün, ihrer Gestalt nach aber dem Stengel ganz ähnlich, mit der Entfernung vom Stengel rasch an Dicke abnehmend. Was sie aber von dem angrenzenden belaubten Stengelteile auffallend unterscheidet, ist, daß an ihr nichts ist, was einem Blatte auch nur im entferntesten ähnlich wäre. Dafür treten an ihr sehr zahlreiche Zweige auf, an diesen eben solche, und so fort durch wiederholte Ordnungen. Alle diese Zweige sind, bis auf die mit der weiteren Verzweigung immer mehr abnehmende Dicke, der Hauptwurzel und einander gleich oder sehr ähnlich. Man kann daher jeden eine Wurzel nennen, und unterscheidet dann wiederum Haupt= und Seitenwurzeln. Alle Wurzeln sind blattlos.

6. Gehen wir nun wieder zum Hauptstengel hinauf. Über seinen obersten kleinen Laubblättern setzt sich derselbe noch weithin fort und trägt die Blüten. Jeder Zweig kann sich ebenso verhalten. Das die Blüten tragende Stück des Stengels wird mit diesen zusammen der Blütenstand genannt. Die Blüten sind sehr zahlreich. Jede sitzt auf einem Stiel, welcher von dem Stengel entspringt, und wir sehen auf den ersten Blick, daß die Stiele wie die Laubblätter wechselständig geordnet sind; aufmerksame Betrachtung läßt auch dieselben geraden Reihen wie bei diesen finden. In einem Blütenstand sind nie alle Blüten zu gleicher Zeit in dem gleichen Zustande. Sind die untersten eben aufgeblüht, so finden wir alle übrigen als geschlossene Knospen, und diese um so kleiner, je näher sie

dem Stengelende stehen. Blühen weiter oben stehende auf, so sind die untersten abgeblüht. Giebt man genau acht, so zeigt sich, daß alle streng nach der Reihe von unten nach oben aufblühen, die untersten zuerst, die obersten zuletzt; und auch die späteren Veränderungen, von denen nachher die Rede sein wird, treten in der gleichen Reihenfolge ein.

In dem Bau der Blüte herrscht strenge Regelmäßigkeit und Ordnung, sowohl was die Gestalt als auch was die Anordnung und die Zahl der einzelnen Teile betrifft. Erstere, die Gestalt der Teile, sehen wir am besten, wenn wir die Blüte auseinander nehmen. Um die Regeln der Anordnung zu erkennen, muß man alles im Zusammenhang lassen; und um sich dieselbe einfach zu merken, verfährt man am besten so wie ein Baumeister die Anordnung neben einander liegender Räume in einem Hause zeichnet; man macht einen Grundriß, in welchem Striche und Punkte die Anordnung sämtlicher Teile so angeben, wie wenn sie auf die Fläche des Papiers gestellt wären (Fig. 1).

Fig. 1.

Zu äußerst finden wir an jeder Blüte 4 grünliche (in Fig. 1 schattierte) Blättchen; etwas weiter nach innen 4 andere größere, unten in einem Stiel verschmälerte hochgelbe. Die ersteren 4 nennt man mit einander den Kelch, die 4 größeren die Krone der Blume; Kelch und Krone miteinander heißen auch die Decke der Blüte; vor dem Aufblühen, in der Blütenknospe, schließen sie über den inneren Teilen fest zusammen.

Die 4 Blätter des Kelches sind nicht wie die Laubblätter wechselständig, sondern sie entspringen an dem Stiele — wenigstens annähernd — auf gleicher Höhe, wie die Arme eines Quirls in der Küche. Man sagt daher, sie sind in einen Q u i r l oder W i r t e l gestellt; jedes einzelne ist ein Glied des Wirtels. Wie wir noch öfter sehen werden, sind alle Glieder eines Wirtels immer nach der Seite hin gleich weit von einander entfernt; die 4 Kelchblätter sind daher paarweise übers Kreuz gestellt, wie der Grundriß zeigt. Sie haben ferner eine ganz bestimmte Stellung zu dem Stengel, der die Blüte trägt und in dem Grundriß (Fig. 1) mit dem Punkt a be= zeichnet ist. Eines ist mit seiner Mitte diesem genau zugewendet, also wenn wir den Blütenstand aufrecht vor uns haben, i n n e n; ein zweites steht diesem gerade gegenüber, also außen; von den beiden andern aber steht eines jederseits mitten zwischen dem innern und dem äußern, das eine rechts, das andere links.

Auch die 4 Blätter der Krone bilden mit einan= der, wie man leicht sieht, einen Wirtel; sie stehen auch übers Kreuz. Zu dem Kelche aber sind sie so gestellt, daß jedesmal ein Kronenblatt genau in der Mitte zwischen 2 Kelchblättern steht. Man bezeichnet dieses Verhalten der beiden aufeinander folgenden Wirtel zu einander durch den Ausdruck: sie w e c h s e l n mit einander a b.

Innen von der Krone kommen 6 kurze fadenför= mige Körper: die S t a u b g e f ä ß e. Sie haben

ebenfalls immer eine bestimmte Stellung: Zwei
stehen einander gegenüber, rechts und links, mitten
vor den seitlichen Kelchblättern. Die 4 andern sind
paarweise zusammen so geordnet, daß ein Paar
mitten vor dem innern, das andere vor dem äußern
Kelchblatte steht. Die beiden Paare sind mit den
beiden einzelnen also wiederum übers Kreuz ge=
ordnet.

Sehen wir gleich nach der Anordnung dessen,
was noch nach den Staubgefäßen kommt, so ist dies
ein mitten in der Blüte aufrecht stehender, schmal
länglicher Körper. Wir nennen ihn Fruchtanfang,
Fruchtanlage, Fruchtknoten, weil er später zur
Frucht heranwächst. Sein oberes freies Ende ist zu
einem Köpfchen verbreitert und dieses mitten von
einer engen Furche durchzogen. Schneidet man ihn
mit einem scharfen Messer — am besten der Quere
nach (Fig. 1) — auf, so sieht man, daß er innen
hohl, aber der Länge nach in 2 Kammern geteilt ist,
und zwar durch eine dünne flache Haut oder Wand,
deren Ränder wiederum mitten vor äußerem und
innerem Kelchblatt stehen. Diese Verhältnisse bleiben
in der heranwachsenden älteren Frucht unverändert
und sind in dieser leichter zu sehen als innerhalb
der erst aufgeblühten Blume.

Alle die genannten Teile der Blüte sitzen an dem
Ende des Blütenstiels; die Fruchtanlage auf seinem
Scheitel; die übrigen Teile dicht unter ihr, von
unten nach oben in der Reihenfolge, in welcher wir
sie betrachtet haben. Das Ende des Blütenstiels,
welches alle diese Teile trägt, nennt man den Blü=
tenboden.

Wenn wir uns zunächst die Anordnung der Teile
in der Blüte angesehen haben, so sind uns dabei an
den Staubgefäßen und an dem Fruchtknoten noch
mancherlei Dinge aufgefallen, nach denen wir noch nicht
genau gefragt haben. Das muß jetzt auch geschehen.

An jedem Staubgefäß (Fig. 2) besteht
das obere Ende aus einem schmalen,
etwa 2 Millimeter langen, gelben Körper
(b). Wenn die Blume sich eben öffnet,
oder noch nicht offen ist, so ist der
Körper außen glatt; man unterscheidet
nur einen auf der Innenseite als
enge Furche einspringenden Längsstreifen, welcher die
Mitte von unten bis oben durchzieht und den ganzen
Körper in zwei Hälften teilt. Auch über jede Hälfte
geht eine schwache Längsfurche. In dieser reißt nun
bald nach dem Aufblühen die Oberfläche ein und
aus dem Riß treten eine Menge gelber Körnchen
hervor, die zusammen ein Häuschen lockern Pulvers
oder Staubes bilden, den B l ü t e n s t a u b. Es
muß hiernach in jeder Hälfte vor dem Aufreißen
ein Raum vorhanden sein, in welchem der Blütenstaub enthalten und welcher von dem aufreißenden
Oberflächenteil als von seiner Wand nach außen
begrenzt ist. Die Untersuchung zeigt leicht, daß es
sich wirklich so verhält. Jede Hälfte ist vor dem
Aufblühen ein (genau genommen sogar in zwei
Kammern geteilter) geschlossener Behälter (S t a u b -
b e h ä l t e r , S t a u b b e u t e l), in dessen Raum
der Blütenstaub entsteht, und dessen Wand nach
dem Aufblühen sich spaltet und den fertigen Staub
entläßt. In dem oben erwähnten Mittelstreifen stoßen

Fig. 2.

die beiden Behälter zusammen. Der Kürze halber faßt man gewöhnlich das Behälterpaar samt Mit= telstreifen oder Mittelstück unter dem Namen Staub= beutel zusammen.

Nach unten setzt sich das Mittelstück fort in einen fadenförmigen Stiel, der dem Blütenboden ansitzt und die Behälter trägt: den S t a u b f a d e n (f). Bei unserer Blume finden wir die Staubfäden immer ungleich lang, und zwar die 2 seitlichen kürzer als die 4 unter sich gleichen paarweise gestellten.

Von dem Blütenstaub wollen wir uns hier nur merken, daß jedes Körnchen desselben ein Bläschen darstellt, an welchem man mit sehr starker Vergrö= ßerung sehr zierlichen Bau erkennt. Schon der Aus= druck Staub besagt, daß die Körnchen leicht sind, leicht wegfliegen oder von Tierchen, welche die Blume besuchen, weggetragen werden können.

Von dem F r u c h t k n o t e n sahen wir, daß er immer in 2 Kammern geteilt ist. In jeder Kammer findet man nun, wenn man sie der Länge nach auf= macht, eine Anzahl kleiner, blasser, rundlich=ge= krümmter Körper, welche mit einem dünnen, faden= förmigen Stielchen in dem Winkel zwischen der Scheidewand und der übrigen, seitlichen Wand be= festigt sind (vgl. Fig. 1). Sie wachsen später zu den Samen der Pflanze heran, sind also die Anfänge der Samen, die S a m e n k n o s p e n.

Aus anderweitiger Erfahrung weiß man, daß die Samen nur dann heranwachsen, wenn auf die Sa= menknospen der Blütenstaub in bestimmter Weise eingewirkt hat. Wie das möglich wird, davon sehen wir bei aufmerksamer Beobachtung unserer Blüte

wenigstens einiges. Das gekerbte Ende des Frucht-
anfangs, von dem vorhin die Rede war, ist ein wenig
feucht und klebrig, und man kann leicht sehen, daß
die Körnchen des Blütenstaubs daran haften bleiben,
wenn sie damit in Berührung kommen. Bei Untersuchung etwas älterer Blüten wird man fast immer
mehr oder weniger zahlreiche Körnchen anhaftend
finden. Was nun weiter geschieht, sieht man nicht ohne
sehr starke Vergrößerung und mühsame Zergliederung.
Es sei daher hier nur erzählt, daß der Blütenstaub
auf die Samenknospen unmittelbar einwirkt, und
zwar durch einen engen, mit bloßem Auge nicht sichtbaren Kanal hindurch, welcher aus jeder Kammer der
Frucht nach der Stelle führt, an welcher der Blütenstaub haftet. Wir nennen diese Stelle die Narbe.

Bald nachdem diese den Blütenstaub aufgenommen
hat, trocknet sie, und nun beginnen auch die sämt-
lichen Teile der Blüte von dem Blütenboden abzu-
fallen, bis auf den Fruchtknoten, der allein stehen
bleibt. Derselbe wächst heran zu der Frucht, der
langen, schmalen Schote, wie man beim Raps
sagt; die Samenknospen in ihm zu den Samen.
Zunächst werden alle diese Teile nur immer größer;
sie bleiben grün und saftig. Endlich hört die Größenzunahme auf, die Frucht beginnt zu trocknen; und
wenn das einen bestimmten Grad erreicht hat, spaltet
sie sich längs des ganzen Randes der Scheidewand,
welche die beiden Kammern trennt; jene bleibt auf
dem Stiele stehen und die beiden abgespaltenen
Wandstücke fallen als 2 schmale Klappen ab — mit
ihnen nach und nach die Samen, deren Stielchen
jetzt ebenfalls vertrocknen und spröde werden.

Wenn der Samen sich auf solche Weise abtrennt, nennen wir ihn reif; die Frucht ist reif, sobald der Samen in ihr reif ist. Die reife Frucht des Rapses „springt auf" in der beschriebenen Weise. — An der lebenden Pflanze geht alles das langsam und, wie wir oben sahen, nicht zu gleicher Zeit in einem Blütenstand vor sich. Man kann aber beschleunigend nachhelfen, wenn man das Trocknen beschleunigt und dem Aufspringen gewaltsam nachhilft. Darum schneidet man den Raps, von dem man recht viele Samen zur Ölbereitung haben will, auf dem Felde, läßt ihn trocknen und drischt ihn dann.

7. Der reife Samen unserer Pflanze ist rund. Er besteht aus nichts anderm, als aus einer kleinen Rapspflanze und einer braunen Haut, von welcher letztere eingehüllt wird. Die kleine Pflanze nennen wir den K e i m oder die K e i m p f l a n z e; sie hat sich, wie hier erzählt sein möge, in der Samenknospe ausgebildet aus einem sehr kleinen bläschenförmigen Körper, dem Ei. Die braune Haut ist die S c h a l e des Samens; man sieht leicht, daß sie der äußerste, anfangs grüne Teil der Samenknospe ist, welcher während des Heranreifens stehen bleibt und braun wird.

Über den Bau der Keimpflanze erhält man am besten Auskunft, wenn man den reifen Samen auf feuchte Erde, oder noch besser auf feuchten weißen Sand oder Sägspäne bringt. Der Samen k e i m t alsdann; er schwillt an, bis die Schale platzt und ein gelblicher Körper hervortritt, der sich nach und nach streckt und ausbreitet (Fig. 3). Ist dies einigermaßen geschehen, so sieht man deutlich, daß er aufgebaut ist aus einem runden, fadenförmigen Stielchen,

an deſſen einem Ende, einander gegenüber, zwei
breite, flache, oben tief eingeſchnittene Blätter ſitzen,
die bald grün werden, während das andere Ende ſpitz
und blattlos iſt. Hat man dies einmal erkannt, ſo
findet man leicht, daß dieſer ſelbige Körper, und
weiter gar nichts, innerhalb der Schale enthalten iſt,
wenn ſie eben platzt, und auch ſchon vorher. Er iſt
nur innerhalb der Schale gekrümmt und zuſammen=
gefaltet und ſtreckt ſich und breitet ſich aus, nachdem

Fig. 3.

er ſie geſprengt hat. Wenn man ihn auf Erde weiter
wachſen läßt, ſo zeigt ſich, daß er hinter einander
Geſtalt und Eigenſchaften einer Rapspflanze annimmt,
die ſchließlich wiederum blüht und Samen trägt.

Das eine, blattlose Ende der Keimpflanze, welches
bei ihrer Streckung zuerst aus der Schale hervor-
kommt, ist die junge Hauptwurzel; es wird daher
das Wurzelende genannt. Es wächst dauernd
in die Länge, — dringt dabei gewöhnlich in den
Boden ein, — und bildet niemals eine Spur von
Blättern. Dagegen bedeckt sich seine Oberfläche bald
mit zahlreichen, kurzen, abstehenden Härchen; und
wenn man sehr genau zusieht, erkennt man, daß
seine äußerste Spitze bedeckt wird von einem
zarten Häutchen, wie von einer Kappe: der Wur-
zelkappe oder Wurzelhaube. Um diese recht
klar zu sehen, bedarf es allerdings bei der kleinen
Rapswurzel einer stärkeren Vergrößerung. An der
wachsenden Hauptwurzel beginnt nun bald die Bildung der Zweige, welche wir schon an der blühenden
Pflanze sahen, oder der Seitenwurzeln, von
denen jede alle soeben für die Hauptwurzel angegebenen Eigenschaften erhält.

Das dem Wurzelende entgegengesetzte Ende der
Keimpflanze, welches sich beim Keimen gewöhnlich
aufrichtet, wird zu dem (später blühenden) ersten oder
Hauptstengel. Es heißt daher das Stengelende.
Wenn die Keimung beginnt, entfalten sich an ihm die
beiden vorhin schon genannten flachen Blätter, welche
schon innerhalb der Samenschale einen erheblichen
Teil der Keimpflanze gebildet hatten: die Keimblätter. Über ihrer Ansatzstelle ragt das äußerste
Ende des Stengels als ein kurzes Spitzchen empor.
Es wächst nun auch in die Länge und so wie das
anfängt, sieht man neue Blättchen an ihm hervortreten. Sie haben von Anfang an die gleiche An-

ordnung wie am blühenden Stengel, und sie ent=
stehen der Reihe nach eins nach dem andern, von
unten nach oben. Das oberste, welches also jedesmal
das jüngste ist, tritt dicht unter der äußersten Spitze
auf. So lange sie noch ganz jung sind, stehen sie
dicht über einander. Bald beginnen sie aber aus
einander zu rücken, indem die Stockwerke des Stengels
(2) sich in die Länge strecken. Und zwar sieht man
leicht auf den ersten Blick, und kann es mit dem
Maßstab genau feststellen, daß jedes Stockwerk
zwischen 2 auf einander folgenden Blättern sich rasch
auf eine bestimmte, je nach dem einzelnen ungleiche
Größe verlängert und dann nicht weiter; und daß
ferner die Stockwerke wiederum der Reihe nach von
unten nach oben ihre Längsstreckung vollenden. Die
untersten sind schon lange fertig, während bei den
oberen die Streckung erst beginnt und ganz oben
noch neue hinzukommen können.

Wir sagen hiernach, das Längenwachstum des
Stengels und die Blattbildung schreiten fort gegen
seinen Scheitel oder seine Spitze, scheitel = oder
spitzenwärts. Wir können das gleiche an der
wachsenden Wurzel finden, nur fällt es hier weniger
in die Augen, weil die Blätter fehlen; es wird
aber deutlich, wenn man längs einer jungen Wurzel
eine Reihe von Punkten mit Tusche macht, und dann
alle Tage nachmißt, wie weit sich die Punkte von
einander entfernt haben.

Anders verhalten sich die Blätter; sie wachsen
allerdings auch eine Zeit lang, ihr Wachstum schreitet
aber, wie man leicht sieht, nicht scheitelwärts fort,
sondern nach anderen, sehr verschiedenen Richtungen.

Die an dem Stengel aus den Blattwinkeln kom=
menden Zweige entstehen hier gleichfalls in scheitel=
wärts gehender Folge. Sie beginnen als kleine
Spitzchen oder Höckerchen; einmal vorhanden, wachsen
sie wie der Hauptstengel. Das gleiche gilt von der
Entstehungsfolge der Blüten am obern Teile des
Stengels und von der Streckungsfolge der Stockwerke
zwischen ihnen, wie dies schon die oben betrachteten
Erscheinungen in der Folge des Aufblühens andeuten.

8. Diese Erscheinungen des Wachsens und der ge=
genseitigen Beziehungen der Teile, welche wir bei der
keimenden Pflanze beginnen und dann weiter gehen
sehen, bleiben die gleichen, unabhängig davon, ob die
Teile selbst lang oder kurz, klein oder groß werden,
diese oder jene besondere Gestalt erhalten. Sie stellen
also den Teilen allgemein zukommende Erscheinungen
dar, nach welchen wir dieselben immer und überall
unterscheiden können. Stengel nennen wir daher
allgemein die Teile mit scheitelwärts fortschreitendem
Längenwachstum und scheitelwärts fortschreitender
Blattbildung; Wurzeln, die ebenfalls scheitel=
wärts wachsenden Teile ohne Blattbildung, mit
Wurzelhaube; Blätter, die am Stengel in scheitel=
wärts gehender Folge entstehenden Ausbreitungen,
welche selbst andern Gang des Wachstums besitzen.

Von den Blüten mag hier nur kurz erzählt sein,
daß jede einzelne samt ihrem Stiele zu wachsen
anfängt wie ein Stengel, oder wie ein Zweig eines
solchen. Später treten dann die Verschiedenheiten von
anderen Zweigen ein. Sie sind also auch beblätterte
Stengelzweige, nur von anderer Form wie die Laub
bildenden.

9. Fast ganz die nämlichen Dinge, welche wir an der Rapspflanze sahen, hätten wir an vielen anderen Pflanzen finden können; z. B. an dem Kohl, der Senfpflanze, auch dem Goldlack im Garten, oder an der Gartenkresse, der Brunnenkresse, dem Täschelkraut u. s. w. Aufbau von Laub=stengeln und Blütenstand, Blumen, Frucht, Samen aller dieser Gewächse sind den beschriebenen ganz ähnlich; daß wir sie von diesen unterscheiden und besonders benennen, hat seinen Grund nur in Ver=schiedenheiten der Größe, der Farbe, und bestimmter, mehr ins einzelne gehender Gestaltungsverhältnisse, wie solche z. B. bei den grünen Laubblättern recht auffallend sind. Sowohl die hervorgehobene Ähnlichkeit, als die Verschiedenheiten lassen sich anschaulich ver=gleichen mit denjenigen, die wir gewöhnt sind bei Menschen zu finden, welche derselben Familie, dem=selben Volksstamme angehören; und nach dem Ver=gleich mit Familienähnlichkeit sagen wir, die genannten Gewächse sind mit der Rapspflanze verwandt, oder nahe verwandt. Wenn wir also eine mit der Raps=pflanze recht nahe verwandte untersuchen, z. B. Kohl oder Senf, oder Goldlack, so finden wir überall ganz ähnliche Erscheinungen und können daher eine von diesen zur Betrachtung nehmen, wenn kein Raps da ist.

10. Aus dem Samen einer Rapspflanze sehen wir immer wieder neue Pflanzen erwachsen. Diese nennt man die Nachkommen der ersten, jene die Mutter=pflanze der letzteren. Die Bildung von Nachkommen wird Fortpflanzung genannt. Die Fortpflanzung besteht bei unserer Pflanze in der Samenbildung durch die Blüten.

Es ist allbekannt, daß die Nachkommenschaft einer Rapspflanze immer wieder Raps ist, d. h. aus Pflanzen besteht, welche gleiche Eigenschaften haben, wie die Mutterpflanze. Dasselbe gilt vom Goldlack, von der Kresse u. s. w. Alle von einer Raps- oder Kressenpflanze abstammenden, zu verschiedenen Zeiten und an verschiedenen Orten entstandenen Einzelpflanzen stellen daher eine durch gleiche Eigenschaften übereinstimmende Gesamtheit dar, und man nennt solche eine Art oder Spezies. Der Raps, d. h. alle Rapspflanzen, ist also eine Spezies, ebenso die Kresse, d. h. alle Kressepflanzen. Findet man von irgend einer Pflanzenform irgendwo viele Stöcke, deren Abstammung man nicht kennt, welche aber in allen Eigenschaften übereinstimmen, wie wenn sie von einer Mutterpflanze abstammten, so schließt man aus der Übereinstimmung, daß letzteres wirklich der Fall ist, und faßt dieselben daher auch als eine Art zusammen. Genauere Nachforschung lehrt dann gewöhnlich, daß wirklich gemeinsame Abstammung stattfindet.

Die vorhin genannten Namen bezeichnen hiernach nahe verwandte Pflanzen-Arten.

Die tägliche Erfahrung lehrt aber ferner, daß die Gleichheit der Eigenschaften bei den Angehörigen einer Art niemals eine ganz vollständige ist. Kaum jemals sind 2 Stöcke von Raps oder Kresse oder Goldlack so gleich, daß sie bei genauer Betrachtung mit einander verwechselt werden könnten. Der eine ist größer, der andere kleiner, der eine reicher, der andere weniger reich verzweigt; manche Goldlackstöcke haben gefüllte Blumen (Abschn. 20), andere nicht, u. s. w.

Es findet also eine Abänderung in einzelnen Eigenschaften statt. Die Nachkommenschaft der kleinen Stöcke kann aber wieder aus großen bestehen, die der gefüllt blühenden ungefüllte Blumen haben, die Abänderung also wechseln, während andere jedesmal bestimmte Eigenschaften gleich bleiben und die Art erkennen lassen. Bei manchen Arten finden wir sehr starke Abänderungen, wenn wir sie wiederholt aussäen und kultivieren, z. B. beim Goldlack; andere ändern dabei wenig ab, z. B. die Gartenkresse. Wir haben aber viele Gründe anzunehmen, daß im Laufe sehr großer Zeiträume bei allen Arten erhebliche Abänderungen eintreten.

Der Kirschbaum.

11. Unser Frühlingsweg führt uns zu einem Kirschbaum, der eben blüht. An den Ästchen stehen seitlich die Blumen auf ihren Stielen jedesmal zu 2, 3 oder mehr bei einander. Um die Anheftungsstelle einer solchen Gruppe von Blütenstielen stehen dicht beisammen einige kleine Blätter, zum Teil schön grüne, zum Teil nur schwach grünliche oder braun gefärbte Schuppen. Zwischen ebensolchen Schuppen sieht man an einer benachbarten andern Stelle keine Blüten stehen, sondern einen Zweig hervortreten, welcher junges, grünes Laub trägt. Erinnert man sich, was wir beim Raps gesehen und besprochen haben, so wird hiernach wahrscheinlich, daß an dem Kirschbaumästchen zweierlei Zweige hervortreten; beide haben unten Blätter, die einen tragen nur junges Laub und keine Blüten, die andern eine Gruppe

von Blüten, einen (im Vergleich mit dem Raps klei=
nen) Blütenstand. Wir werden nachher noch sehen,
daß es wirklich so ist.

In jedem der kleinen Blütenstände blühen und
verblühen auch hier die Blumen nach der Reihe, die
unterste oder am weitesten außen stehende zuerst, die
oberste oder innerste zuletzt. Freilich tritt das wegen
der geringen Anzahl der Blüten nicht sehr auffallend
hervor.

An der einzelnen Blüte unterscheiden wir wieder
dieselben Teile wie beim Raps, und können daher
auch sofort die gleichen Namen anwenden; aber nicht
nur Form, Größe und Farbe, sondern Anordnung
und Zahlen sind ganz andere wie bei jener Pflanze
und ihren Verwandten. Fig. 4 zeigt eine eben im
Aufgehen begriffene Blüte, der
Länge nach in der Mitte durch=
geschnitten.

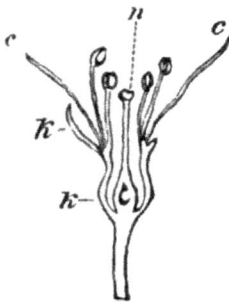

Fig. 4.

Der grüne Kelch (k) hat an
seinem Rande 5 schmale blatt=
ähnliche, nach dem Aufblühen zu=
rückgeschlagene Abschnitte; diese
sitzen aber nicht getrennt neben
einander auf dem Blütenboden,
sondern sind unten zu einem
Körper vereinigt, welcher die
Gestalt eines Bechers, oder einer Glocke oder oben
offenen Röhre hat, und erst seinerseits auf dem
Blütenboden steht.

Fünf weiße Kronenblätter (c) sind zwischen den
Kelchabschnitten, mit diesen abwechselnd, eingesetzt;
dann folgen weiter nach innen zahlreiche Staubge=
fäße, in mehrere Kreise dicht bei einander gestellt.

Es sind ihrer gewöhnlich 20 oder 30; doch ist weder ihre Anzahl noch ihre Anordnung mit jener ausnahmslosen Strenge bestimmt, wie bei der Raps=blüte.

Die Kronblätter sowohl wie die Staubfäden stehen auf dem Kelche selbst, da wo sich dieser in seine fünf Abschnitte spaltet.

An dem einzelnen Staubgefäß unterscheiden wir dieselben Teile, auch mit ähnlicher Gestaltung, wie beim Raps.

Die Mitte der Blume und der oberste Punkt des Blütenbodens, wird auch hier eingenommen von einem F r u c h t k n o t e n. Dieser ist unten eiförmig, oben ver=schmälert in einen fadenförmigen Fortsatz, den G r i f f e l, auf dessen wenig angeschwollenem Ende die Narbe (n) liegt, wiederum an ihrer Klebrigkeit erkennbar (vgl. Seite 13). Der Kanal, welcher von ihr in den Fruchtknoten führt, geht durch den Griffel; er kann übrigens auch hier bei der Kirsche mit bloßem Auge kaum erkannt werden. Unten, in der Fruchtanlage, findet sich e i n e e i n f a c h e H ö h= lung, und in dieser, an der Wand seitlich befestigt, z w e i Samenknospen.

Fig. 5.   Fig. 6.

Beim Abblühen vertrocknet der Griffel und fällt mit den äußeren Teilen ab. Die Fruchtanlage wächst dann zur Frucht, zur Kirsche heran, und erhält als solche bekanntlich eine sehr dicke Wand, welche, wie ein Längsdurchschnitt durch ihre Mitte, Fig. 5, zeigt, aus zwei verschiedenen Schichten besteht: der äußern saftigen, welche das eßbare zuckerreiche Fleisch der Kirsche ist; und der innern harten, dem Stein. In diesem erst liegt der Same; gewöhnlich einer, weil die andere Samenknospe sich nicht weiterbildet, sondern zu Grunde geht. Wie beim Raps, besteht auch hier der Same aus einer dünnen, braunen Schale und der diese ganz ausfüllenden Keimpflanze. Letztere ist wie beim Raps aufgebaut, ihr Bau aber viel leichter als bei diesem zu überblicken, weil sie nicht gekrümmt ist. Man braucht nur die dünne Schale abzunehmen, um die 2 dicken flach an einander liegenden Keimblätter zu finden, von deren Vereinigungsstelle das Wurzelende als kurze Spitze gerade vorsteht, während in seiner geraden Fortsetzung das Stengelende zwischen den Keimblättern eingeklemmt liegt. Fig. 6 zeigt dies, schwach vergrößert, an einem aus dem Stein herausgenommenen, der Länge nach mitten durchgeschnittenen Samen. Die Frucht springt, wie jeder weiß, nicht auf, sondern fällt, wenn sie nicht gepflückt oder von Vögeln geholt wird, ab; das Fleisch geht rasch zu Grunde. Der Stein bleibt als Verstärkung der Samenschale um den Samen geschlossen und wird erst bei der Keimung durch die wachsende Keimpflanze gesprengt.

12. Säet man Kirschen, so beginnt die Keimung meistens erst im folgenden Jahre. Die Keimpflanze wächst, wie zu erwarten ist, ganz wie beim Raps. Die Hauptwurzel streckt sich und bildet Seitenwurzeln; das Stengelende streckt sich gleichfalls und bildet Blätter. Wachstum und Gliederung von Wurzel, Stengel und Blättern, auch die wechsel-

ständige Anordnung der letzteren, sind wesentlich die gleichen wie beim Raps und seinen Verwandten. Es ist also der gleiche Bauplan, die gleiche Gliederung in der Hauptsache vorhanden. Nur in den Gestaltungs= verhältnissen finden sich Verschiedenheiten.

Der erste Hauptstengel der Keimpflanze bildet zu= nächst nur Laubblätter; er verhält sich hierin ganz wie die nur Laub bildenden Zweige des blühenden Baumes. Bei der Betrachtung des Laubes können wir uns daher auf beide beziehen (vgl. Seite 5).

Die Spreite der Blätter ist eiförmig, spitz, nicht in größere Lappen geteilt, sondern an ihrem Rande nur mit kurzen scharfen Zähnchen versehen; in der Jugend zusammengefaltet wie ein Bogen Papier; erst wenn sie fast erwachsen ist, e n t faltet sie sich, das heißt: breitet sie sich flach aus. Sie wird getragen von einem schmalen Blattstiel, der in ihre Mittelrippe ausläuft. Oben am Blattstiel stehen einige runde klebrige Anschwellungen von meist rötlicher Farbe, D r ü s e n genannt. Unten, wo derselbe dem Stengel ansitzt, steht dicht neben ihm jederseits ein schmaler, oft sehr kleiner Körper von dem Ansehen eines Blätt= chens, ein N e b e n b l a t t. Diese Nebenblattpaare sind in der Jugend deutlich; am ältern Zweig, also im Sommer, gewöhnlich abgefallen oder vertrocknet.

Der Laubzweig des ältern Baumes und der Hauptstengel der Keimpflanze streckt sich — treibt aus, wie wir sagen — und entfaltet sein Laub im Frühling. Seine Stockwerke strecken sich rasch in der Reihenfolge von unten nach oben zu ihrer endgültigen Länge, welche sie später, auch in künftigen Jahren, nie überschreiten. Nachher, im Sommer, sieht es aus,

als ob das Wachstum aufhöre. Das ist aber nicht
der Fall. Die Spitze fährt vielmehr fort, in derselben
Folge wie bisher Blätter und Stockwerke zu bilden
und alle nach einander entstehenden Blätter sind an=
fangs gleich. Der ganze Wachstumsgang ist aber jetzt
sehr langsam, alle Teile bleiben zunächst klein; und
dann nehmen einige Blätter, welche auf das im Früh=
jahr entfaltete Laub zunächst folgen, mit der Zeit andere
Eigenschaften an als dieses; sie bleiben klein, in Form
von Schuppen, ihre anfangs grüne Farbe verschwin=
det, sie werden braun und fest, und biegen sich zu=
sammen über dem langsam weiter wachsenden und
Blätter bildenden Scheitel. Da sich die Stockwerke
zwischen ihnen nicht oder kaum strecken, so können sie
miteinander die höher stehenden, noch kleinen Teile
fest umfassen. So bedecken sie das weiterwachsende
Ende schließlich als eng zusammengelegte Schuppen.
Sie stellen mit diesem die K n o s p e dar, welche also
besteht aus den sie deckenden K n o s p e n s c h u p p e n
oder K n o s p e n d e c k e n und den über diesen stehen=
den unausgebildeten Blattanfängen, nebst dem Stengel=
ende. In diesem Zustande befindet sich die Knospe,
wenn die kalte Jahreszeit dem Wachstum Stillstand
gebietet. Sie überdauert den Winter als Winterknospe,
um im Frühling von neuem stark zu wachsen, erst
das im Vorjahr schon großenteils angelegte Laub zu
entfalten, dann wieder eine Winterknospe zu bilden,
deren Entfaltung im kommenden Jahr eintritt.

Der wachsende Laubtrieb tritt im Frühjahr zwischen
seinen vorjährigen Knospenschuppen hervor; diese
werden dabei aus einander gedrängt, die innersten
können noch zu kleinen grünen Blättchen heranwachsen,

die äußeren wachsen nicht mehr, und eben so wenig strecken sich die kurzen Stockwerke, welche zu ihnen gehören. Die Schuppen fallen vielmehr bald ab und lassen nur kleine, dicht über einander stehende ring= förmige Spuren zurück, an denen man noch nach Jahren die Grenzen der jährlichen Triebe erkennen kann.

An jedem Laubtriebe beginnt in dem Jahr seiner Entfaltung auch die Bildung von seitlichen Zweigen, und zwar entsteht deren einer in jedem Blattwinkel (vgl. Seite 6). In dem Jahre ihrer Entstehung wachsen diese Seitentriebe — die meisten wenigstens — nur sehr langsam und nehmen dabei alle Eigen= schaften an, welche vorhin für die Knospe am Ende des Triebs beschrieben wurden. Sie sind von dieser, der Endknospe, nur durch ihre Stellung ver= schieden, nach welcher sie Seitenknospen heißen. Wenn im Herbst das Laub abgefallen ist, bleiben daher an jedem Triebe zahlreiche Winterknospen stehen: eine Endknospe, sie setzt im nächsten Jahre die Verlängerung des Triebes fort; und so viele Seitenknospen als Blätter da waren, unter jeder auch noch die Ansatzstelle des abgefallenen Blattes sichtbar; sie können zu Seitenzweigen heranwachsen.

Die Knospen, welche wir bisher verfolgt haben, wachsen im Jahre nach ihrer ersten Entstehung zu Laubtrieben aus. Sie heißen daher Laubknospen. Ein junges aus dem Samen erzogenes Kirsch= bäumchen, bildet in den ersten Jahren nur Laub= knospen, sowohl seitliche als endständige. Auch am ältern Baume wird das Ende des Laubtriebs immer wieder zur Laubknospe. Erst nach einigen Jahren bringt das Bäumchen auch Blüten und Früchte.

Wie wir oben sahen, treten jene, in kleine Blüten=
stände vereinigt, aus Knospen, und zwar immer aus
Seitenknospen vorjähriger Laubtriebe hervor. Man
nennt diese blütenbringenden Knospen gewöhnlich
die Frucht=, Tragknospen, Fruchtaugen. Sie
sind im Winter den Laubknospen sehr ähnlich, nur
dicker; sie werden gleich letzteren von Knospenschuppen
bedeckt. Wie hiernach vermutet werden kann, sind
die Tragknospen den Laubknospen in ihrer ersten
Entstehung ganz gleich: kleine Zweige. Sie bilden
nur weniger Blätter, von denen die Mehrzahl zu
Schuppen wird, nur einige zu kleinen Laubblättchen.
Und schon in dem Knospenzustand bilden sie selbst
einige Seitenzweiglein, welche ihrerseits zu den Blüten
werden. In der Winterknospe umschließen die äußeren
Schuppen jene wenigen Laubblättchen und die schon
vorhandenen jungen Blüten. Im Frühjahr findet
nur noch Streckung und Entfaltung dieser statt. Mit
dem Blühen und der Fruchtbildung aber ist das
Wachstum der Tragzweige erschöpft: sie wachsen, zum
Unterschied von den Laubzweigen, nicht mehr, sondern
sterben auch dann ab, wenn die Fruchtbildung ein=
mal ausbleiben sollte.

In der Anordnung der seitlichen Laubzweige und
der Tragknospen herrscht beim erwachsenen Baum
die Regel, daß die Tragknospen am vorjährigen
Trieb in dem untern Teil, die Laubknospen oben
stehen. Oft sind alle Seitenknospen Trag=, und nur
die endständige eine Laubknospe. Da die Tragknospen
nach der Blüten= resp. Fruchtbildung nicht weiter
wachsen, so ist die Strecke der Äste, wo sie saßen,
vom dritten Lebensjahr an zweiglos.

Vorhin sahen wir, daß an dem jungen aus Samen erwachsenen Kirschbaum in jedem Blattwinkel eine Laubknospe entsteht, und daß dieses einige Jahre lang so fort geht. Würde nun jede Knospe zum Laubtrieb auswachsen, so wie es beschrieben wurde, und würde dies immer so weiter gehen, so müßte ein Kirschbaum ganz anders aussehen, als in Wirklichkeit der Fall ist. Er müßte ein vom Boden an dicht mit Laubzweigen bedeckter Busch sein. Denn das unterste Blatt steht etwa handbreit über dem Boden, die folgenden höchstens handbreit über einander; ihr Abstand nimmt, wie wir sahen, nach der ersten Streckung nicht mehr zu und in jedem Blattwinkel steht eine Laubknospe. Statt dessen hat der erwachsene Baum, auch wenn er nicht beschnitten wird, einen kahlen, astlosen S t a m m, von welchem erst in etwa Manns= höhe die Äste abgehen, welche mit ihren Verzwei= gungen die Baumkrone bilden. Das wird dadurch möglich, daß von den Laubknospen eines Jahrestriebs nicht alle zu Ästen auszuwachsen brauchen; und daß, bei Bäumen wie der unsere, wenn der Stamm eine gewisse Höhe hat, seine unteren Äste absterben und allmählich verloren gehen; erst jene, welche die Krone bilden, sind dauernd. Die Laubknospen, welche nicht zu Trieben auswachsen, können die Fähigkeit dies zu thun jahrelang behalten, und dann, unter besonderen Verhältnissen, noch nachträglich auswachsen. Dies besonders, wenn in ihrer Nähe ein Ast oder die Spitze des Stammes selbst abbricht oder sonst ver= loren geht. Sie stellen also für solche Fälle gleichsam eine Ersatzmannschaft dar, die allerdings gewöhnlich nicht zur Verwendung kommt.

Fassen wir alles in obigem Gesagte in einen
allgemeinen Ausdruck zusammen, so ist klar, daß
Stamm, Äste und Triebe unseres Baumes sämtlich
in ihren ersten Anfängen einander gleich sind; und
daß die Form, das Stamm= und Zweiggerüste des
fertigen Baumes zu stande kommt dadurch, daß die
gleichen Anfänge in ihrer weitern Ausbildung Ver=
schiedenheiten erfahren. Von den als Laubknospen
bezeichneten Anfängen also, werden die einen im
Wachstum gefördert, andere bleiben stehen; noch
andere Knospen bilden Blüten u. s. w. Vergleicht
man mit dem Kirschbaum andere Bäume, z. B. den
Birnbaum, die Kastanie, die Fichte u. s. w.,
so findet man ganz ähnliche Erscheinungen, aber in
der Förderung und sonstigen Ausbildung der Knospen
und Zweige nach den einzelnen Baumarten Ver=
schiedenheiten, durch welche die Unterschiede der
Gerüstformen derselben zu stande kommen.

13. Die Form, welche wir Baum nennen, hängt
aber, wie man bei einiger Aufmerksamkeit sogleich
sieht, noch von etwas anderm ab, als von den betrach=
teten Erscheinungen, nämlich von dem ungleichen, wir
können auch sagen, ungleich geförderten Dickenwachs=
tum der einzelnen Gerüstteile. Der Stamm, welchen
wir aus dem Stengelende der Keimpflanze hervor=
gehen sahen, wird in der gleichen Zeit dicker als die
Äste, einige dieser wiederum mehr als andere u. s. w.

Mit dem Dickenwachstum aber hat es folgende
Bewandtnis. Wir sahen schon, daß jedes Stockwerk
zwischen zwei Blättern beim Austreiben rasch, binnen
wenig Tagen, sich auf eine bestimmte Länge streckt.
Auf dieser bleibt es zeitlebens stehen, auch wenn es

hundert Jahre alt wird. Dagegen wird es dicker.
Sein Umfang ist am Ende des Sommers größer als
am Anfang desselben. Schneidet man einen jungen
Trieb mit einem scharfen Messer quer durch, so
findet man auf der Fläche des Querschnitts zu innerst
einen ziemlich scharf umschriebenen Kreis, das
M a r k. Dieser wird umgeben von einem ebenfalls
scharf gezeichneten Ring, dem H o l z r i n g oder
H o l z k ö r p e r; um diesen geht als äußerster Teil
des Querschnitts ein zweiter Ring, die R i n d e.
Alle über einander geführten Querschnitte zeigen das
gleiche, der Kreis und die Ringe in ihnen ent=
sprechen daher Körpern von der Gestalt des Triebes.
Das Mark ist weich, der Holzkörper hart und der
Länge nach faserig, die Rinde außen wiederum weich,
saftig; innen, wo sie an den Holzkörper grenzt, weich=
faserig. Man nennt diesen ihren innern faserigen
Teil den B a st.

Untersucht man den Trieb am Ende seines ersten
Sommers, so sieht man, daß das Mark nicht dicker
geworden ist, der Holzring erheblich, die Rinde
wenig dicker als zu Anfang des Sommers. Ver=
gleicht man dann Triebe, die am Ende ihres
zweiten, dritten Lebensjahres stehen und so fort
immer ältere, so erkennt man, daß das Mark über=
haupt nicht dicker wird, der Holzkörper immer mehr
an Dicke zunimmt, die Rinde auch, aber in viel
geringerm Maße. Untersucht man endlich Triebe
verschiedenen Alters zu verschiedenen, auf einander
folgenden Jahreszeiten, so zeigt sich zunächst für
den Holzkörper, daß er in jedem Frühjahr an
seiner ganzen Außenseite in die Dicke zu wachsen

beginnt, während der vorjährige innere Teil unver=
ändert bleibt, nicht mehr wächst. Es kommt auf diese
Weise außen zu letzterm ein Zuwachs, dessen
Querschnitt wiederum Ringform hat. Derselbe ist
anfangs weich und zart, wird aber bald dem vor=
jährigen Holz sehr ähnlich und wie dieses hart.
Am Ende jedes Sommers hört das Zuwachsen auf,
um im nächsten Frühjahr von neuem zu beginnen
so lange der Trieb lebt, also durch viele, bei sehr
alt werdenden Bäumen oft hundert, zweihundert
Jahre und mehr. Man kann nun auch leicht sehen,
daß der Zuwachsring eines jeden Jahrgangs innen,
wo er an den vorjährigen grenzt, weicher, lockerer
ist und infolge hiervon auch anders aussieht als
außen, und daß dieses immer so bleibt. Daher kommt
es, daß die Grenzen der von innen nach außen auf
einander folgenden Ringe sehr deutlich von einander
unterscheidbar bleiben. Da jeder Ring einem Jahres=
zuwachs entspricht, nennt man die Ringe Jahres=
ringe. Ihre Zahl in einem Querschnitt ist natür=
licher Weise gleich der Anzahl der Lebensjahre des
jedesmaligen Trieb= oder Stammstückes; man kann
das Alter dieses nach demselben bestimmen.

Mit jedem Jahreszuwachs des Holzkörpers nimmt
auch die Rinde etwas an Dicke und Umfang zu. Genaue
Untersuchung zeigt, daß dieses ganz vorzugsweise an
ihrer Innenseite stattfindet, also da, wo der Bast
an den Umfang des Holzkörpers grenzt; die äußeren
Teile wachsen langsam mit; es ist einleuchtend, daß
sie dies thun müssen, wenn sie nicht infolge der
Dickenzunahme der inneren gesprengt werden sollen.
Mit dem Alter findet letzteres aber dennoch oft statt.

Die Rinde reißt von außen her ein, die zerrissenen Teile sterben ab und vertrocknen. Beim Kirsch= baume ist diese Erscheinung nicht so sehr auffallend wie bei anderen häufigen Bäumen, z. B. A k a z i e n , P a p p e l n , E i ch e n .

14. Auch von dem Kirschbaum kennen wir zahl= reiche nahe Verwandte (S. 19). Z w e t s ch e n , P f l a u m e n , S ch l e h e n , A p r i k o s e n , P f i r = s i s ch e und M a n d e l b ä u m e zeigen in allen Be= ziehungen ihm sehr ähnlichen Aufbau. Die Ähnlich= keit der Blüten sieht man auf den ersten Blick; die der Früchte wird durch den Namen S t e i n o b s t ausgedrückt, unter welchem wir die Früchte aller genannten Bäume und Sträucher zusammenfassen.

Brombeeren, Himbeeren, Erdbeeren.

15. Die Blume der B r o m b e e r = und H i m = b e e r s t r ä u ch e r hat mit der des Kirschbaums viele Ähnlichkeit. Könnte man die Kelchröhre der letztern so ausbreiten, daß sie die Form einer flachen Scheibe erhielte, so wäre sie einer Brombeerblüte in Be= ziehung auf Kelch, Krone und Staubgefäße gleich gemacht; es ist also zwischen beiden nur ein Gestalt= unterschied vorhanden, Zahl und Anordnung dieser Teile sind die gleichen. Man sieht das in Fig. 7, welche eine Brombeerblüte, mitten durchgeschnitten, etwas vergrößert darstellt. Anders in der Mitte der Blüte. Hier erhebt sich der Blütenboden zu einem hohen Buckel, und auf diesem sitzen 10, 20 oder noch mehr Fruchtanlagen, wie kleine Körnchen aus=

sehend. Das Stück des Blütenbodens, welches diese
trägt, wollen wir kurz den Fruchtboden nennen.
Die einzelne Fruchtanlage ist der der Kirsche sehr
ähnlich, nur enthält sie nur e i n e Samenknospe. Diese

Fig. 7.

bildet sich zu einem kleinen Samen aus, welcher dem
der Kirsche oder Mandel gleich gebaut, nur wiederum
viel kleiner ist. Die einzelne Fruchtanlage aber, welche
diesen einschließt, hat zur Zeit der Reife ganz den
Bau einer Kirsche mit Stein und saftigem Fleisch
angenommen; so viele solcher Kirschen= oder Stein=
obstfrüchtchen als in einer Blüte reif geworden sind
bilden mit einander das, was wir eine Brombeere
oder Himbeere nennen. Mit völliger Reife lösen sie
sich von dem Fruchtboden ab. Die Fig. 8 stellt einen
Längsdurchschnitt durch die Mitte des Früchtchen
tragenden Fruchtbodens der H i m b e e r e dar.

Das Wort F r u c h t haben wir bisher immer für
den einzelnen Fruchtknoten im Zustand der Reife
gebraucht, und da gleiche Dinge auch mit gleichem

Namen bezeichnet werden müssen, so ist dies bei der Pflanzenbeschreibung allgemein durchzuführen. Wir können daher die Brombeere nicht eine Frucht nennen, sondern eine Gruppe, einen Haufen von kleinen (Kirschen ähnlichen) Früchten. Wenn man im täglichen Leben anders verfährt, so kommt das daher, daß man da die Hauptrücksicht auf den Gebrauch, hier also speziell auf die Eßbarkeit nimmt und die anderen Beziehungen Nebensache sind.

Fig. 8.

Die Stämmchen der Brombeere und Himbeere sind reich verzweigt, immer aus den Blattwinkeln. Die Zweige tragen teils nur Laub, teils endigen sie in meist reich verzweigte Blütenstände.

Die Blätter sind auch hier wechselständig. Sie sitzen dem Stämmchen an mittelst eines Blattstiels und dieser ist an seinem Grunde mit 2 Nebenblättern versehen wie bei dem Kirschbaum, nur daß dieselben meist größer sind und nicht frühzeitig abfallen. Die Spreite ist an den oberen Blättern blütentragender Zweige meist nur am Rande gezähnt, sonst unge= teilt, mehr oder weniger breit eiförmig. Weiter nach dem Grunde des Zweigs zu werden die Blätter all= mählich breiter, ihr Rand erhält außer den Zähnen einige tiefere Einschnitte. Noch weiter unten an den blütentragenden und fast überall an den nur Laub bildenden Zweigen gehen die Einschnitte so tief, daß sie das Blatt in Stücke oder Abschnitte spalten, welche nur noch durch ein schmales Mittelstück ver= bunden werden. Bei der Himbeere steht ein solcher Abschnitt am Ende des Mittelstücks, einige andere

je in einer Reihe rechts und links von diesem. Letztere
Anordnung ist vergleichbar den Fiedern einer Vogel=
feder, man nennt dieselbe daher fiederig oder
gefiedert. Auch die Lappen des Rapsblattes
(Seite 6) sind fiederig geordnet. Bei den Brom=
beeren stehen die Abschnitte, meist zu 3 oder zu 5,
auf ganz kurzem Mittelstück dicht beisammen und
sind in einer Fläche nach verschiedenen Seiten ge=
richtet wie Strahlen, oder wie die gespreizten Finger
einer Hand. Nach letzterem Vergleich nennt man diese
Anordnung gefingert; und je nach den angegebenen
Zahlen redet man von breizählig, fünfzählig u. s. w.
gefingerten Blättern. Bei den meisten Blattspreiten
unserer Pflanzen gehen die Einschnitte so tief und
die Abschnitte sind so gestaltet, daß sie dem Mittel=
stück nur mit einem schmalen, selbst stielartig ver=
schmälerten Ende ansitzen. Das ganze Blatt macht
den Eindruck einer von dem gemeinsamen Stiele
getragenen Gruppe ungeteilter Blättchen und man
nennt es danach ein (nämlich wie aus ungeteilten
Blättern) zusammengesetztes Blatt.

Eine unangenehme Eigenschaft unserer Pflanzen,
besonders der Brombeersträucher, besteht darin, daß
alle Teile, die Blüten und ihre Stiele ausgenommen,
an ihrer Oberfläche mit spitzen, stechenden Zähnen
versehen sind, den Stacheln. Dazu kommen in
vielen Fällen noch zahlreiche, kurze, weiche Haare,
welche teils von der Oberfläche abstehen, bei manchen
Brombeeren aber und auf der untern Blattfläche
des Himbeerstrauchs der Oberfläche angeschmiegt
und zu dichtem, weißem Filz untereinander gewirrt
sind.

16. Die Blätter eines Erdbeerstockes werden wir nach dem im 15. Abschnitte Gesagten dreizählig und gefingert zusammengesetzte nennen. Sie sind dreizähligen Brombeerblättern ähnlich. Die 3 Abschnitte ihrer Spreite stehen am Ende eines langen Stiels und dieser hat an seinem Grunde ebenfalls ein Paar Nebenblätter. Sie kommen in einem dichten Busch über den Boden hervor. Gräbt man denselben aus, so zeigt sich, daß sie wechselständig einem Stengel ansitzen, dessen Stockwerke nur sehr stark verkürzt oder sehr wenig gestreckt sind, etwa wie die zwischen den Knospenschuppen des Kirschbaums. Daher kommt die buschige Zusammendrängung der Blattstiele. Unten an dem ausgegrabenen Stock sehen wir ferner seitlich zahlreiche fadenförmige Wurzeln hervorkommen, und diese haben alle oben (Seite 16) für Wurzeln hervorgehobenen Eigenschaften. Wir lernen hieraus, daß Seitenwurzeln nicht nur an einer Hauptwurzel, sondern auch an Stengeln auftreten können. Der buschig belaubte Stengel treibt Zweige, und zwar wiederum aus den Blattwinkeln. Die einen derselben sind und bleiben ihm von anfang an gleich. Andere sieht man im Sommer aus den Blattwinkeln hervortreten in Form von „Fäden“, wie die Gärtner sagen, dünnen fadenförmigen Ästchen, welche ihre ersten Blättchen nur in Form kleiner Schuppen ausbilden, während sich die Stockwerke zwischen diesen zu großer Länge strecken. Sie können sich nicht aufrichten, sondern schieben sich wie kriechend über den Boden. Ihre Spitze wird hierdurch weit vom Mutterstock entfernt. Sie fährt fort Blätter und Stockwerke zu bilden, letztere

bleiben aber bald wieder kurz und die zu ihnen ge=
hörigen Blätter erhalten die gestielte dreizählig zu=
sammengesetzte Form: die Spitze des Fadens nimmt
mit anderen Worten wieder die Eigenschaften eines
Erdbeerbusches an, wie wir ihn anfangs betrachteten.
Aus den Winkeln der Schuppenblätter können Zweige
hervortreten, welche auch wieder die Eigenschaften
von Erdbeerbüschen annehmen. Alle diese Büsche
liegen, wenn die Streckung der Fäden zu Ende ist,
ruhig am Boden, sie treiben dann Wurzeln, welche
in diesen eindringen und die Büsche befestigen; im
folgenden Jahre wiederholt sich an ihnen die gleiche
Reihe von Erscheinungen wie an dem Mutterbusche.
Was die Fäden selbst betrifft, so können sie nach
Bewurzelung ihres buschigen Endes entweder rasch
absterben oder länger ausharren; in den Gärten
werden sie gewöhnlich abgeschnitten. Jeder so ent=
standene Busch kann die gleichen Erscheinungen Jahr
für Jahr lange Zeit wiederholen. Er d a u e r t also
a u s von einem Jahr zum andern, wie ein Baum,
verzweigt sich jedes Jahr und aus den Zweigen
können neue Büsche werden. Ihren Ausgang nehmen
alle diese Erscheinungen von der aus dem Samen
unmittelbar zu einem Busch heranwachsenden Keim=
pflaze.

Noch andere Zweige des Erdbeerbusches endlich
werden zu Blütenständen (Seite 7). Die Spitze eines
jeden dieser bildet sich aus zu einer Blüte; der
übrige Zweig zu einem langen Stiel, welcher letztere
sich über das Laub emporhebt. Eine Strecke unterhalb
der Blüte stehen einander gegenüber und kurz über
einander zwei kleine Blätter. Aus ihren Winkeln

kommt je ein Seitenzweig, welcher wiederum 2 kleine
Blätter trägt und mit einer Blüte endigt, und an
welchem dieselbe Verzweigungsform sich wiederholen
kann. Bei der Erdbeere findet letzteres in der Regel
nicht statt, bei vielen andern ähnlichen Pflanzen
dagegen in sehr reichem Maße. Es kommen hier=
durch Blütenstände zuwege, welche aufgebaut sind
aus Zweigen, die mit einer Blüte endigen und zu
zwei und zwei von einem ihnen gleichen, ältern,
einer vorhergehenden Verzweigsstufe oder O r d n u n g
angehörigen Zweige entspringen. Die Blüten ent=
wickeln sich und blühen auf in der Stufenfolge der
Zweige, welcher sie angehören. Da die Orte, von
welchen ein Zweigpaar entspringt, meist nahe bei
einander stehen, so erhält jede Verzweigung die
Form einer Gabel mit drei Schenkeln, deren mitt=
lerer das Ende des Zweiges früherer Stufe oder
Ordnung, die 2 seitlichen der beiden Zweige nächster
Ordnung sind. Man nennt hiernach solche aus Ver=
zweigungen auf einander folgender ungleicher Ord=
nungen aufgebaute Blütenstände g a b e l i g e. Fig. 9
versinnlicht den Bauplan eines gabeligen Blüten=
standes. Die Blüten sind durch die kleinen Kreise,
die Verzweigungsordnungen, welcher sie angehören,
durch die Zahlen bezeichnet.

17. Der Vergleich zeigt, daß der Blütenstand des
Rapses und seiner Verwandten, dessen Aufbau Fig.
10 veranschaulicht, und der Kirsche sich von dem
gabeligen dadurch unterscheidet, daß alle Blütenstiele
in scheitelwärts gehender Folge als Seitenzweige
g l e i c h e r Ordnung eines und desselben Stengels

oder Zweiges früherer Ordnung gebildet werden. Solche Blütenstände nennt man **traubige**. Sind die Blütenstiele durch gestreckte Stockwerke des sie tragenden Stengels getrennt, wie beim Raps, so heißt der Blütenstand eine **Traube**; entspringen

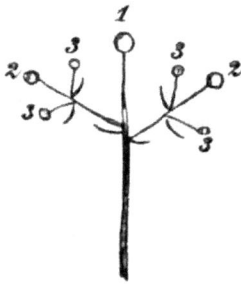 

Fig. 9.   Fig. 10.

sie, wie beim Kirschbaum, ganz nahe über einander, so wird er **Dolde** genannt. Alle Blütenstände, die wir kennen, sind entweder gabelige oder traubige. Von beiden lassen sich, nach der speziellen Ausführung des Bauplans, außer der Traube und Dolde noch andere Sonderformen unterscheiden, von denen nachher noch einige vorkommen werden.

18. Die einzelne **Blüte** des Erdbeerstockes ist der Brombeerblüte (Fig. 7, Seite 34) fast gleich gebaut. Außer unbedeutenden Größen- und Formverschiedenheiten finden wir nur zwei nennenswerte Besonderheiten: Zwischen den mit den 5 Kronblättern abwechselnden Kelchabschnitten steht je ein kleines grünes Blättchen außen am Kelche; und an den zahlreichen auf dem Fruchtboden stehenden kleinen

Fruchtanfängen bildet der Griffel nicht die Spitze, sondern entspringt unter dieser, auf der Innenseite. Der Same der Erdbeere ist zwar sehr klein, sonst aber dem der Kirsche oder Brombeere gleich. Anders die Frucht, welche sich aus dem kleinen Fruchtknoten bildet. Sie schwillt nur wenig an, ihre Wand wird nicht fleischig, sondern bleibt dünn und trocken; die ganze, den Samen einschließende Frucht stellt ein kleines hartes Körnchen dar, an dem der vertrocknete Griffel als Fortsätzchen oft haften bleibt. Während die Früchtchen reifen, schwillt aber der F r u c h t b o d e n , welcher sie trägt, an; er wird saftig und fleischig. Er bildet sich aus zu dem roten wohlschmeckenden Dinge, das man als Erdbeere genießt und das wiederum keine Frucht ist: die Früchte sind die kleinen außen sitzenden Körnchen. Die Fig. 11 zeigt eine „Erdbeere" mit ansitzenden Früchtchen in der Mitte der Länge nach durchschnitten.

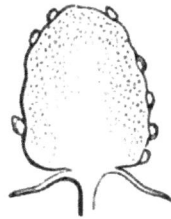

Fig. 11.

Die Rosen.

19. Die Blume der wilden R o s e (Fig. 12) oder H e c k e n r o s e ist wiederum derjenigen des Kirschbaums, der Brombeere und Erdbeere sehr ähnlich gebaut; was sie von diesen so verschieden aussehen läßt, ist wesentlich nur Farbe und Größe der Kronenblätter. Sieht man hiervon ab, so überzeugt man sich leicht von der Gleichheit in Zahl und Anordnung der meisten Teile (vgl. Fig. 12 mit 7 und 4).

Der Kelch ist verhältnismäßig groß, er trägt die
5 Kronblätter und viele Staubgefäße, wie bei der
Erdbeere und Kirsche; er ist aber noch weniger
flach wie bei letzterer, sein unterer ungeteilter
Abschnitt (Grund) hat vielmehr die Gestalt einer
Röhre oder eines Kruges, der an seinem Rande, wo
er sich in die 5 Kelchblätter spaltet und Krone und
Staubfäden trägt, bis auf eine enge Öffnung zu=
sammengeschnürt ist. Er bildet den länglichen, grünen
Knopf, auf welchem die rosenrote Krone oben auf=
sitzt. Die Fruchtknoten sind zahlreich, wie bei der
Erdbeere, aber größer und haarig, und der Frucht=
boden, welcher sie trägt, ist nicht erhaben, sondern
ausgehöhlt, derart, daß sein Rand unmerklich in
die Seiten des Kelches übergeht. Schneidet man

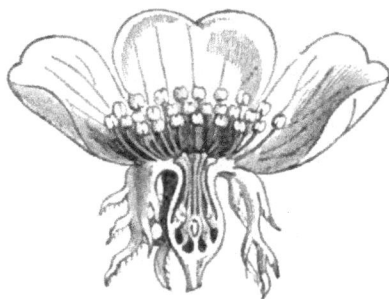

Fig. 12.

daher den Kelch der Länge nach durch (Fig. 12), so
sieht man jene im Grunde desselben dicht bei ein=
ander sitzen und denselben ausfüllen. Man erkennt
dabei ferner, daß jeder Fruchtknoten in einen langen
Griffel (Seite 23) mit etwas verbreitertem Narben=

ende ausläuft und daß sämtliche Griffel aus der
engen Öffnung der Kelchröhre hervortreten, in ein
Bündel vereinigt, dessen Ende von den Staubge=
fäßen umringt wird.

Die reife Frucht der Rose ist wie bei der Erd=
beere trocken und hart; sie enthält einen dem der
Kirsche gleich gebauten Samen. Zur Zeit der Frucht=
reife wird der Kelch rot und saftig: er bildet mit
den Früchten zusammen die Hagebutte, deren
säuerliche Substanz genießbar, deren harte Früchtchen
mit ihren stechenden Haaren beim Genusse bekanntlich
sehr unangenehm sind.

Die Blumen der Rose bilden wie bei der Erd=
beere kleine gabelige Blütenstände an dem Ende
kurzer Äste. Unten tragen diese grüne Laubblätter,
welche denjenigen gleich sind, die an den nicht
blütentragenden Ästen stehen. Nach dem oben
(Seite 36) Gelernten werden wir diese Laubblätter
fiederig zusammengesetzte nennen und in dem flachen,
in eine freie Spitze auslaufenden Saume, welcher
jederseits am Grunde des Blattstiels hervortritt,
Nebenblätter wieder erkennen. Wie der Brombeer=
strauch, hat der Rosenstock überall zahlreiche
S t a c h e l n.

20. Die Rosen im Garten sind der wilden Hecken=
rose in den meisten Stücken sehr ähnlich, aber ihre
Blumen sind gewöhnlich mehr oder weniger g e =
f ü l l t. Das heißt, sie haben bei sonst gleichem Bau
mehr als 5 Kronblätter und diese stehen nicht wie
die 5 der ungefüllten Blume in einem Kreise, son=
dern in mehreren von außen nach innen auf einander
folgenden. Je größer die Zahl der Kronblätter und

ihrer Kreise, desto vollständiger gefüllt nennen wir die Blume. Der Ort, wo die zu den 5 hinzukommenden überzähligen Kronblätter stehen, kann kein anderer sein als derselbe, welcher in der ungefüllten Blume die Staubfäden trägt, und die Menge dieser nimmt ab in dem Maße, als die der Kronblattkreise zunimmt; letztere stehen an der Stelle der Staubfäden. Bei sehr vollständig gefüllten Blumen fehlen diese fast vollständig. Auch die Gartenrosen sind ursprünglich wildwachsende und mit ungefüllten Blumen versehene Pflanzen. Die Blumen werden gefüllt durch Vermehrung der Kronblattkreise, meist auf Kosten der Staubfäden. Dasselbe gilt von allen Pflanzen mit gefüllten Blumen: Kirschbäumen, Goldlack, Tulpen, Levkojen, Nelken und vielen andern. Selbst die Fruchtknoten können zu gunsten der Kronblattbildung schwinden oder wenigstens Veränderungen erleiden. Warum dieses alles eintritt, davon wissen wir nicht mehr als von dem Grunde, warum die Heckenrose ungefüllte Blumen hat.

Kernobst.

21. Der Birnbaum ist dem Kirschbaum in seinem ganzen Aufbau so ähnlich, daß dieser hier nicht ausführlich beschrieben zu werden braucht. Die thatsächlich vorhandenen Verschiedenheiten treten bei aufmerksamer Betrachtung leicht hervor.

Auch der Blütenstand des Birnbaums ist dem des Kirschbaums ähnlich, nicht gleich: keine Dolde, sondern eine armblütige Traube, mit langen Blütenstielen; und von den meisten traubigen Blütenständen,

z. B. dem des Rapses, dadurch ausgezeichnet, daß
das Ende des Hauptstengels gleich den seitlichen
Stielen eine Blüte trägt.

Die einzelne Blüte ist in Bau, Größe und Farbe
der des Kirschbaums, im Bau noch mehr der Hecken=
rose ähnlich; Krone, Kelchabschnitte, Staubfäden ge=
ordnet wie bei diesen beiden. Zwischen den Staub=
fäden ragen in der Mitte der Blüte 5 Griffel hervor.
Schneidet man die Blüte durch, so zeigt sich, wie
Fig. 13 darstellt, daß nicht jeder dieser einem von

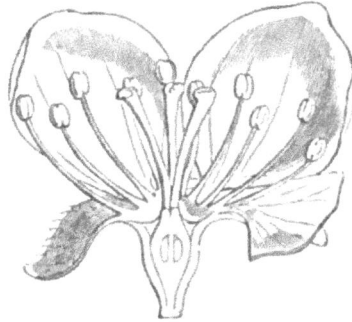

Fig. 13.

andern getrennten Fruchtknoten zugehört, sondern daß
alle 5, samt dem untern Teile des Kelches, sich
unten in einen einzigen Körper vereinigen, welcher den
Grund der Blüte bildet. Dieser Körper ist der Frucht=
knoten; er ist in 5 enge Kammern oder Fächer ge=
teilt, zu deren jeder einer der Griffel führt und deren
jede 2 Samenknospen enthält. Nach dem Abblühen
beginnt er anzuschwellen zu der Frucht, der Birne.
Die Kronblätter fallen ab, Kelch, Staubfäden und
Griffel bleiben stehen und vertrocknen zu dem be=

kannten Butzen auf dem Scheitel der Birne. Diese wird saftig, mit Ausnahme der festen harten Häute, zu welchen sich die Wände der 5 Kammern ausbilden und welche mit einander den Grips oder das Kernhaus darstellen. In den Kammern sitzen die Samen, die Kerne der Birne; sie haben denselben Bau wie bei der Kirsche, nur härtere Schalen.

Wir sehen also hier bei der Birne eine andere Stellung des Fruchtknotens wie bei den vorher betrachteten Pflanzen. Derselbe bildet den Grund der Blüte und trägt auf seinem Scheitel alle übrigen Teile derselben. Er wird in Beziehung auf diese unterständig genannt, d. h. zu unterst stehend.

Die Fruchtknoten aller andern bisher betrachteten Pflanzen stehen frei auf dem Ende des Blütenstiels, oder dem Blütenboden, über der Ansatzstelle des Kelches. Ist dieser flach ausgebreitet, so nehmen sie die oberste Stelle der Blüte ein. Man nennt sie daher in Beziehung auf diese Stellung oberständig. Einen zweikammerigen (oder zweifächerigen) oberständigen Fruchtknoten hat also der Raps; einen einfächerigen oberständigen der Kirschbaum; viele eben solche die Erdbeere und Brombeere; — einen fünffächerigen unterständigen der Birnbaum.

Ganz ähnliche Blüten= und Fruchtbildung wie der Birnbaum haben Apfelbäume, Quitten, Mispeln, kurz jene Gewächse, welche wir Kern= obst nennen; auch von Weißdorn, Eberesche u. a. gilt das gleiche. Und auch in den übrigen Erscheinungen ihres Aufbaues stimmen alle diese Pflanzen sehr überein, bis auf Einzelunterschiede, welche hier nicht auseinander gesetzt zu werden brauchen. Wir haben in diesen Kernobstgewächsen also wiederum eine Gruppe nahe Verwandter.

Wie aus dem Beschriebenen hervorgeht, besonders deutlich aus dem Aufbau von Blüten und Samen, sind aber die Kernobstgewächse auch nahe verwandt mit den Rosen, und durch diese mit Erdbeeren, Brombeeren und Steinobst. Jedenfalls ist sofort ersichtlich, daß alle diese Gewächse mit einander viel näher verwandt sind, als z. B. mit Raps oder Goldlack.

Erbsen, Bohnen und Verwandte.

22. Die Erbsenpflanze hat einen schwachen verzweigten Stengel mit wechselständigen, fiederig zusammengesetzten (Seite 36) Blättern. Am Grunde jedes Blattstiels stehen 2 den Abschnitten der Spreite ähnliche, dieselben an Größe noch übertreffende Nebenblätter. Das Ende des Blattmittelstücks ist dünn fadenförmig und trägt mehrere ebenfalls fadenförmige Zweige, in derselben fiederigen Anordnung wie die flachen Abschnitte der Spreite. Treffen dieselben vor Beendigung ihres Wachstums einen festen Körper, z. B. einen andern Pflanzenstengel, einen dünnen Stab, so krümmen sie sich derart, daß sie ihn umklammern; sie befestigen also die schwache Pflanze an festere Stützen. Finden sie keine Stütze, so rollen sie sich am Ende ihres Wachstums ein, wie ein Korkzieher. Fadenförmige Teile von den genannten Eigenschaften nennt man Ranken; die Erbse hat also ästige Ranken und diese sind die Enden der Blätter. Ranken gleicher oder ähnlicher Eigenschaften, aber manch-

mal anderer Stellung wie bei der Erbse, kennen wir
an vielen Pflanzen mit schwachen Stengeln, welche
sich allein nicht aufrecht halten können, z.B. Gurken,
Kürbissen, auch Weinreben.

Aus den oberen Blattwinkeln des Erbsenstocks
kommen Zweige, welche zu armblütigen, traubigen
(Seite 40) Blütenständen werden. Die einzelne

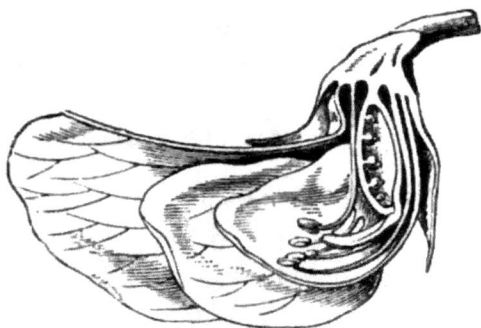

Fig. 14.

Blüte ist in Fig. 14 der Länge nach mitten durch=
schnitten, in Fig. 15 im Grundriß (vgl. Seite 8)
gezeichnet. Sie hat einen grünen Kelch (k) mit 5 un=
gleichen Abschnitten, welche am Grunde in einen
napfförmigen Körper vereinigt sind, ähnlich wie bei
der Kirschblüte. Diesem napfförmigen Grunde sind
tief unten Krone und Staubfäden eingesetzt. Zwischen
den Staubfäden erhebt sich in der Mitte der Blüte
ein oberständiger Fruchtknoten.

Die Krone besteht aus eben so vielen Blättern als
der Kelch Abschnitte hat, also 5; diese bilden, wie
die Abschnitte des Kelches, einen Wirtel und wechseln
mit den Abschnitten des Kelches ab. Sie sind dabei

in bestimmter Weise unter einander ungleich. Man unterscheidet an der Blüte leicht, wie beim Raps, eine dem gemeinsamen Stiele zugekehrte (in Fig. 14 und 15 nach oben sehende), für den Beschauer h i n t e r e Seite; eine dieser gegenüberliegende v o r d e r e, und zwischen beiden die Flanken, die rechte und linke.

Nun steht mitten vor der Hinterseite ein Kronblatt (f), welches von den übrigen 4 durch Gestalt und beträchtliche Größe ausgezeichnet ist; vor dem Aufblühen umfaßt es jene 4 mit seinen Rändern. Man nennt es die F a h n e. An der Vorderseite stehen 2 kleinere Kronblätter (c), welche unter einander gleich und so geordnet sind, daß ihre vorderen Ränder gerade in die Mitte der Vorderseite fallen. Sie stoßen hier nicht nur zusammen, sondern sind fest mit einander vereinigt und bilden hierdurch einen Körper von der Gestalt eines spitzen Pantoffels oder eines Kahns, welcher Körper nach letzterm das S c h i f f ch e n oder der K i e l heißt. Der Grund jedes der beiden Kielblätter ist in ein nicht mit dem andern vereinigtes Stielchen verschmälert. An beiden Flanken endlich stehen 2 einander gleiche, schief und breit ovale Kronblätter (b). Jedes greift mit seinem vordern Rande über den Hinterrand des der gleichen Seite angehörigen Kielblättchens. Man nennt diese beiden Flankenblätter die F l ü g e l. Infolge der geschilderten Gestaltung hat die Krone vor dem Aufblühen das Aussehen eines mit zusammengelegten Flügeln

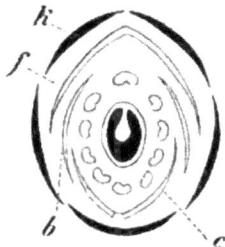

Fig. 15.

sitzenden Nachtschmetterlings; man nennt solche Blu=
men daher **Schmetterlingsblumen**.

Innen von der Krone kommen 10 Staubgefäße.
Ihre Anordnung im Grundriß ist, genau betrachtet,
so, daß mitten vor jedem Kronblatt und mitten zwi=
schen 2 Kronblättern je eines steht. Sie haben kleine
Staubbeutel und lange Staubfäden und liegen ganz
eingeschlossen zwischen beiden Blättern des Kiels, die
Staubfäden der Gestalt dieses entsprechend gekrümmt.
Schlägt man den Kiel zurück und achtet zunächst auf
das mitten vor der Fahne stehende, also genau hin=
tere Staubgefäß, so zeigt sich der Staubbeutel dieses
von einem dünnen, bis unten hin freien Staubfaden
getragen. Das fällt um so mehr auf, als alle übrigen

Fig. 16.

9 Staubfäden, wie Fig. 16 nach Wegnahme von
Kelch und Krone zeigt, nur mit ihren beuteltragenden
Spitzen getrennt, in ihrem größern untern Teile
aber zu einem einzigen Körper vereinigt sind. Dieser
umfaßt wie eine häutige, hinten wo der freie Staub=
faden liegt, gespaltene Scheibe den Fruchtknoten;
der Griffel ragt, nach hinten gekrümmt, zwischen
den Staubbeuteln empor.

Der Fruchtknoten ist einfächerig. Er enthält, wie
man bei der halbreifen Frucht am leichtesten sieht,
eine Mehrzahl von Samenknospen, und diese sitzen

in einer Reihe längs der hintern Kante der Innen-
wand an.

Nach dem Aufblühen fallen Krone und Staubfäden
ab, der Kelch bleibt stehen, um zuletzt zu vertrocknen,
der Fruchtknoten wächst zu der bekannten Frucht
heran, erst lange grün und saftig bleibend, um zuletzt trocken zu werden und bei voller Reife in Border-
und Hinterkante aufzureißen zur Entlassung der
reifen Samen (vgl. Fig. 17). Die Frucht der Erbse

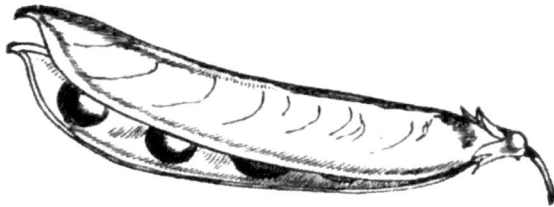

Fig. 17.

ist also, wie die des Rapses, eine nicht saftige,
t r o c k e n e, und springt mit der Reife auf. Früchte
dieser Eigenschaften nennt man zusammen K a p s e l -
früchte. Nach dem besondern Bau sind die beiden
genannten verschieden; und solche verschiedene Arten
von Kapselfrüchten haben auch verschiedene Namen.
Die Kapselfrucht des Rapses nannten wir Schote,
die der Erbse wird H ü l s e, H ü l s e n f r u c h t genannt.

Der Same der Erbsenpflanze, die E r b s e, hat ähnlichen Bau der des Rapses. Man kann das leicht
sehen, wenn man eine reife Erbse aufweicht und schält.
Die gelbe, häutige Schale wird völlig ausgefüllt von
der Keimpflanze und diese besteht aus 2 großen

halbkugeligen Keimblättern, welche die Hauptmasse
der Erbse bilden und durch ein kleines Mittel=
stück verbunden sind. Das kleine Stengelende (vgl.
Seite 16) liegt zwischen den Keimblättern; das Wur=
zelende ist außen gegen die eine Seite des Randes
der beiden Keimblätter gebogen und diesem angelegt.
Bei der Keimung verhalten sich alle diese Teile

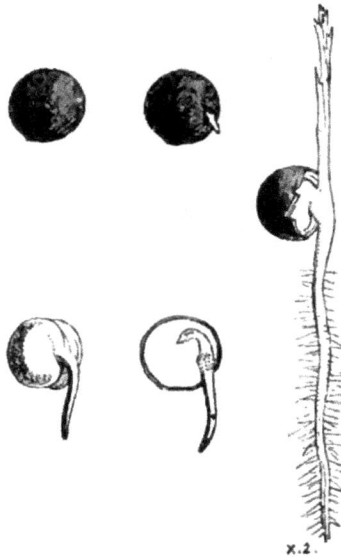

x.2.

Fig. 18.

wie beim Raps, nur mit dem Unterschied, daß die
Keimblätter nicht durch die Streckung des Mittelstücks
emporgehoben, nicht grün werden und ihre Gestalt
nicht ändern. Sie bleiben, wenn die Erbse wie ge=
wöhnlich in den Boden gesäet wird, in diesem stecken,
während das Stengelchen zwischen ihnen hervor über

denselben tritt. Fig. 18 zeigt links oben den reifen Samen; daneben den ersten mit Hervorstreckung des Wurzelendes beginnenden Zustand der Keimung. Darunter zwei etwas ältere gekeimte Samen, den links unten nach Wegnahme der Samenschale, den daneben nach Wegnahme des einen Keimblattes. Rechts ein noch mehr vorgeschrittener Zustand; erste Wurzel und Stengel schon stark in die Länge gestreckt.

23. Die Erbsenpflanze hat sehr viele nahe Verwandte, welche als solche leicht auffallen durch die Schmetterlingsblume, die Hülsenfrucht und der Erbse ähnliche (nicht immer gleiche) Gliederung des Blattes. So die Wicken und Linsen, Feld- und Gartenbohnen, Lupinen, die Kleearten, die Ginsterarten, der (aus Nordamerika stammende) Akazienbaum. Wicken und Linsen haben Ranken wie die Erbse. Die übrigen genannten Pflanzen haben solche nicht. Aber von der Gartenbohne ist bekannt, daß sie ebenfalls Stützen benutzt, indem ihr schlanker, belaubter Stengel, während er in Streckung begriffen ist, die Eigentümlichkeit hat, sich um feste Körper, mit denen er in Berührung kommt, schraubig zu krümmen und sie fest und dauernd zu umfassen, falls sie nicht zu dick sind. Man sagt, dieser Stengel windet oder schlingt; die Gartenbohne ist eine Schlingpflanze.

Die Kartoffel.

24. Wenn im Frühjahr die Kartoffeln in den Boden gepflanzt sind, so treiben sie, wie jeder weiß, grün belaubte Stengel, und zwar treten diese hervor aus den regelmäßig verteilten Vertiefungen,

welche gewöhnlich die Augen genannt werden. Der Anfang hiervon läßt sich leicht beobachten an einer Kartoffel, welche man ein paar Wochen feucht im warmen Zimmer hält. An den im Keller aufbe= wahrten tritt im Frühjahr dasselbe ein, nur bleiben wegen des Lichtmangels die oft sehr lang gestreckten Triebe dünn, bleich, die Blätter klein und krüppelig.

Der Laubtrieb der Kartoffelpflanze wird $^1\!/_2$ Meter und darüber hoch. Er hat einen kantigen Stengel und dieser trägt wechselständige Blätter. Die über dem Boden befindlichen sind grün, zusammengesetzt aus ungleichen Abschnitten; an dem unter der Bodenfläche befindlichen Stücke hat der Stengel auch einige Blätter von der Form kleiner, bleicher Schuppen.

Über dem Boden kann jeder Laubstengel aus den Blattwinkeln ihm gleiche, belaubte Zweige treiben. Unter und an der Bodenoberfläche treibt er in der Nähe der Knoten zahlreiche, in den Boden dringende Wurzeln und aus den Winkeln der Schuppenblätter kommen hier gleichfalls beblätterte Zweige hervor. Diese bilden aber kein grünes Laub, sondern sind den im Keller erwachsenden Trieben einigermaßen ähnlich: bleich, dünn und schlank und mit kleinen schuppenförmigen Blättchen versehen. Aus den Win= keln dieser können ebensolche fadenförmige Zweige mit Schuppenblättchen hervorwachsen; alle bleiben in ungefähr wagrechter Stellung im Boden. Diese Zweige erreichen sehr verschiedene Größe; einige bleiben kurz, andere werden sehr lang und reich verästelt. Ihre Fadenform hat ihren Grund in der starken Streckung und geringen Breite ihrer ersten

Stockwerke. Über diesen werden zahlreiche fernere Stockwerke gebildet, welche sehr kurz bleiben, dafür aber stark in die Dicke wachsen; zuletzt hört das Längenwachstum, die Bildung neuer Stockwerke und Schuppenblätter am Scheitel ganz auf, die Dickezunahme aber dauert fort. Das Ende des fadenförmigen Triebes schwillt daher mehr und mehr an zu einem runden oder länglichen Körper, der die Eigenschaften einer Kartoffel erhält. Er ist anfangs mit zahlreichen, wechselständigen, spitzen Schuppenblättern besetzt und in den Winkeln dieser wird je ein Seitentrieb angelegt, welcher zunächst im Zustand einer kleinen Knospe verbleibt. Rings um jede Knospe wächst der anschwellende Körper wulstig nach außen, jene kommt daher in eine Vertiefung der Oberfläche zu liegen. Dasselbe geschieht mit dem Scheitel, welcher gleichfalls im Zustande der Knospe verharrt. Was oben Augen genannt wurde, sind die in den Vertiefungen sitzenden Knospen. Die Schuppenblätter wachsen nur noch wenig oder nicht mehr, wenn die Schwellung der zugehörigen Stockwerke im Gange ist; sie gehen meistens bald zu Grunde, doch findet man an der frischen erwachsenen Kartoffel ihre Reste in Form eines quergezogenen Streifens unter jeder Augenvertiefung. Im Herbste sterben alle Teile der Pflanze ab, bis auf die während des letzten Sommers entstandenen Kartoffeln. Im nächsten Frühjahr beginnen an diesen von neuem die beschriebenen Vorgänge. Und zwar ist es für diese gleich, ob wir die Kartoffeln aus dem Boden nehmen oder den Winter über darin lassen — voraus gesetzt, daß es nicht zu kalt wird; denn durch starken Frost werden sie getötet.

Wollen wir die Lebensgeschichte des Kartoffelstocks vollständig machen, so müssen wir dem Gesagten noch hinzufügen, daß die aus dem Samen erwachsende Keimpflanze zuerst der des Raspes und der anderen bisher besprochenen Pflanzen ähnlich im ersten Som= mer heranwächst zu einem kleinen Stengel, welcher gleich den vorhin betrachteten oben grünes Laub, im Boden einige kleine Kartoffeln bildet, die sich im Frühjahr verhalten wie andere.

Aus dem Gesagten geht hervor, daß eine Kartoffel das angeschwollene, mit kümmerlichen Blättern und mit Knospen versehene Ende eines Stengelzweiges ist. Es wächst und bildet Blätter wie ein Stengel und muß daher nach der S. 18 festgestellten Unter= scheidung mit diesem Namen bezeichnet werden. Eine Wurzel ist es nicht, denn eine Wurzel bildet nie Blätter. Die Stellung zum Boden ist hierbei gleich= gültig; Wurzeln können auch fern vom Boden stehen.

25. Die Lebensgeschichte des Kartoffelstocks hat mit der oben beschriebenen des Erdbeerstocks viele Ähn= lichkeit. Beide stimmen darin überein, daß ihre Stengel Zweige treiben, welche in oder dicht über dem Boden bleiben. Man kann solche Zweige resp. Stengel bodenständige oder Bodenstöcke nennen. Der gewöhnliche Name dafür ist Wurzelstöcke. Besonders gestaltete Teile der Bodenstöcke haben wiederum besondere Namen: die fadenförmigen, wa= gerecht wachsenden nennt man Ausläufer; die mit kleinen Blättern versehenen, angeschwollenen Teile, wie die Kartoffeln, heißen Knollen.

Beide Pflanzen stimmen ferner darin überein, daß ihre Bodenstöcke oder Teile derselben überwintern und jedes Jahr neu austreiben; daß sie a u s d a u e r n oder perennieren, wie man sagt. Die Kartoffelpflanze dauert nur durch die jedesmal letztjährigen Knollen aus; bei der Erdbeere dauert jeder am Ausläufer entstandene Busch einige Jahre. Beide Pflanzen sind also in der speziellen Form des Ausdauerns verschieden. Pflanzen mit ausdauernden Bodenstöcken werden S t a u d e n genannt. — Es ist klar, daß Bäume und Sträucher auch ausdauern, aber nicht durch bodenständige, sondern durch über den Boden erhobene, zum Holzstamm mit seinen Ästen erwachsende Stengel.

Andere Pflanzen dauern nicht aus; sie sterben gänzlich ab, sobald sie ihre Samen gereift haben, gleichviel ob dies im Frühjahr oder Sommer oder Herbst geschieht, ob sie der Winterkälte ausgesetzt sind oder nicht. Also n i c h t a u s d a u e r n d e, nur e i n = m a l s a m e n t r a g e n d e Pflanzen. Die meisten dieser keimen im Frühjahr, reifen ihre Samen im Sommer desselben Jahres und sterben dann: E i n j ä h r i g e Pflanzen, S o m m e r g e w ä c h s e. Andere derselben brauchen von der Keimung bis zur Blüte 2 Jahre, sind z w e i j ä h r i g, einzelne sogar mehrere Jahre. Der Raps, die Erbsen, Bohnen u. s. w., haben keinen Bodenstock und sind einjährig. Der Raps kann auch zweijährig sein.

26. Die Enden der Laubtriebe der Kartoffelpflanze bilden im Sommer eigentümlich verzweigte, nicht in allen Einzelheiten hier zu beschreibende gabelige Blütenstände. Die einzelne Blüte hat einen aus einem Wirtel (Seite 9) von 5 unten vereinigten grünen

Blättern bestehenden Kelch. Auf diesen folgt nach innen die weiße oder violette Krone, deren 5 spitze Abschnitte mit denen des Kelches im Grundriß, wie ihn Fig. 19 darstellt, abwechseln, unten aber auch vereinigt sind zu einem großen flach trichter= förmigen Körper. Dann folgt nach innen ein Wirtel von 5 Staubgefäßen, wiederum im Grundriß ab= wechselnd mit den Kronenabschnitten gestellt. Die Mitte

Fig. 19.

der Blüte wird von einem oberständigen Fruchtknoten mit einfachem Griffel und kleiner Narbe eingenommen. Die Staub= gefäße haben sehr kurze Stiele und große, gelbe Staubbeutel, welche dicht zusammengestellt sind zu einem Kegel, aus dessen abge= stutzter Spitze das Griffelende hervorragt. Die Gliederung des Staubbeutels ist wesentlich die Seite 11 beschriebene; seine Hälften öffnen sich aber nach dem Aufblühen nicht ihrer ganzen Länge nach, sondern nur an ihrer Spitze, durch ein kleines Loch, aus welchem Blütenstaub hervortritt.

Der Körper des Fruchtknotens ist etwa eiförmig. Schneidet man ihn in der Mitte quer durch, so sieht man ihn, wie in Fig. 19 angegeben ist, durch eine Scheidewand der Länge nach in 2 Kammern oder Fächer geteilt und von der Scheidewand aus eine dicke Anschwellung, welche mit zahlreichen Samenknospen besetzt ist, in jedes Fach hineingewölbt. Diese Teile füllen das Fach fast vollständig aus. Man kann sie leichter noch als bei offenen Blüten nach dem

Abblühen an der anschwellenden Frucht erkennen, weil hier die Anordnung und Einteilung unverändert bleiben und nur Größenzunahme stattfindet. Dasselbe gilt für viele andere Fruchtknoten und Früchte, z. B. für die oben beschriebenen; aber nicht für alle, bei manchen ändert sich die Einteilung und Anordnung mit dem Wachstum.

Die Samen resp. Samenknospen stehen in der Kartoffelfrucht also auf einem besonders gestalteten Träger. Man nennt ihn den Samenträger und wendet diesen Ausdruck allgemein an zur Bezeichnung des Ortes der Fruchtwand, welchem die Samen ansitzen.

Die Blüte der Kartoffel ist somit von allen vorher betrachteten verschieden durch bestimmte Zahl, Gestalt, Bau der Teile und ihre Anordnung im Grundriß. An der Krone fiel besonders auf, daß sie nicht wie bei Kirschbaum, Rose u. s. w., aus einer Anzahl getrennter Blätter besteht, sondern aus den 5 zum Trichter vereinigten Spitzen. Denkt man sich die 5 Kronblätter der Kirsche oder der wilden Rose in ihrem ganzen untern Teile mit den Rändern an einander gewachsen, so kommt eine ähnliche Bildung wie bei der Kartoffel zustande. Auf Grund dieser Anschauung sagt man, bei letzterer sind 5 Kronblätter vereinigt oder verwachsen, die Krone ist verwachsenblätterig oder vereintblätterig, im Gegensatz zu jenen obigen getrenntblätterigen. Dieselben Anschauungen und Bezeichnungen sind natürlich auch auf den Kelch anwendbar und auf beliebige sonstige Teile, welche gleiche Erscheinungen zeigen. Vgl. die Staubfäden der Erbse, Seite 50.

Bei den früher betrachteten Pflanzen waren Krone und Staubfäden getrennt von einander dem Blüten= boden aufgesetzt. In der Kartoffelblume verhält sich das anders: die Staubfäden sitzen auf der Krone selbst, in ihrem untern Teile.

Nach dem Aufblühen fallen bei uns viele Kartof= felblumen ab, ohne Frucht zu bilden. Bei andern tritt letzteres ein: ihre Krone mit den ihr ansitzenden Staubfäden sowie der Griffel fallen ab, der Kelch aber nicht. Er bleibt grün und frisch und wächst mit der schwellenden Frucht zu beträchtlicher Größe, um erst zur Zeit ihrer Reife zu vertrocknen. Die Frucht selbst wächst heran zu einem kugeligen Körper von der Größe einer starken Kirsche und darüber. Zur Zeit der Reife ist die Substanz aller ihrer Teile, mit Ausnahme der glatten Oberfläche, weich, saftig geworden. Man nennt eine solche saftige, fleischige, nur an der Oberfläche feste Frucht eine Beere. Beispiele für solche wirkliche Beeren kennen wir auch in den Johannisbeeren, Stachel=

Fig. 20.

beeren, den Gurken u. a. m. Warum Erdbeeren, Himbeeren, Brom= beeren keine Beeren sind, wird jetzt, in Vergleichung mit dem Seite 35 und 41 Gesagten, einleuchtend sein.

Die in jeder Frucht zahlreichen reifen Samen der Kartoffel sind nur etwa 1 Millimeter groß, platt, nierenförmig gekrümmt. Schneidet man sie in der Richtung der platten Flächen mitten durch, so zeigt sich, wie Fig. 20 (vergrößert) darstellt, ein kleines, in allen Teilen sehr dünnes oder schmales Keim= pflänzchen, welches, wie besonders bei der Keimung selbst deutlich wird, wesentlich den gleichen Aufbau hat, wie bei Raps oder Kirsche. Es liegt im Samen hakenförmig gekrümmt und nimmt von dem Raum innerhalb der dünnen Samenschale nur einen Teil ein. Der übrige Raum wird ausgefüllt von einer fest mehligen Masse, die wir einstweilen Nährkörper nennen und später besprechen wollen (vgl. Abschn. 40). Das Keimpflänzchen wächst nach der Keimung zunächst ganz wie bei dem Raps. Wie aus ihm wiederum die durch Knollen ausdauernde Kartoffelstaude wird, haben wir oben gesehen.

27. Auch die Kartoffelpflanze hat viel nahe Verwandte; ihre nächsten, welche ihr zum Verwechseln ähnlich sind und wie sie Knollen bilden, wachsen im westlichen wärmern Amerika, wo auch (in Chile) die Heimat unserer Kartoffel ist. Die meisten nahen Verwandten derselben bilden kleine Knollen. Von einheimischen Pflanzen gehören zu diesen der Nachtschatten, ein einjähriges Sommergewächs und widerliches Unkraut; und das Bittersüß, ein kleiner, Bachufer und schattige Orte liebender Strauch.

Andere, etwas fernere Verwandte der Kartoffel sind die einheimische Tollkirsche, Bilsenkraut, Stechapfel und die aus Amerika stammenden Tabakarten. Alle diese sind Giftpflanzen, sie enthalten für Tiere und Menschen schädliche Stoffe. Das Gleiche gilt von dem Nachtschatten und nicht minder von der Kartoffelpflanze: sie ist auch giftig, nur die Knollen enthalten der schädlichen Stoffe keine.

Bienenſaug und Verwandte.

28. Der weiße Bienenſaug oder die Taub=
neſſel treibt alljährlich aus dünnem, nicht knolli=
gem, ausdauerndem Bodenſtock belaubte Stengel,
welche im Frühjahr blühen. Faſt ganz gleich verhält
ſich der große rote Bienenſaug, welcher mit
jenem häufig in Hecken und Gebüſchen wächſt.

Die geſtreckten Stockwerke des Stengels ſind regel=
mäßig vierkantig und die Blätter ſtehen jedesmal an
einem Knoten paarweiſe auf gleicher Höhe und ein=
ander gegenüber. Gleichnamige, mit einander auf
gleicher Höhe ſeitlich vortretende Teile haben wir
bei den Blüten mit dem Namen Wirtel zuſammen=
gefaßt. Dieſer Ausdruck findet ganz allgemeine An=
wendung, man ſagt daher, die Blätter bilden Wirtel
und zwar iſt jeder Wirtel zweigliedrig. Wir ſehen
ferner leicht, daß die von unten nach oben auf
einander folgenden Wirtel jedesmal genau mit
einander abwechſeln (S. 9), und daß hiernach ſämt=
liche Blätter eines Triebs in 4 gerade Reihen ge=
ſtellt ſind. Das einzelne Blatt iſt kurz geſtielt, ohne
Nebenblätter, die Spreite oval, am Grunde herz=
förmig ausgeſchnitten, am Rande grob gezähnt.

Aus den Winkeln der oberen kleinen Blätter eines
Triebs treten Blüten hervor, und zwar aus jedem
der beiden Winkel eines Blattpaares mehrere. Da
ſie auf ſehr kurzen Stielchen ſtehen, ſind ſie dicht
an einander gedrängt und ſcheinen auf den erſten
Blick alle zu einem Blattpaar gehörigen ein dichtes,
unordentliches Knäuel mit einander zu bilden. Ge=

nauere Betrachtung aber zerlegt dieses in 2 gabelige, nur durch äußerste Kürze sämtlicher Stiele ausge=zeichnete Blütenstände (vgl. Seite 40). Jeder dieser steht in einem der Blattwinkel. Sein kurzer Haupt=stiel endigt in eine Blüte, welche mitten vor dem Blattwinkel steht, und von allen zu diesem gehörigen sich zuerst ausbildet. Rechts und links kommt unter dieser je ein kurzer Stiel hervor, der ebenfalls mit einer Blüte endigt und so fort. Die Ausbildung der Blüten folgt auch hier der Ordnung der Ver=zweigungen, welche sie endigen. Auch die Blätter, aus deren Winkel die einzelnen Verzweigungen des Blü=tenstandes vortreten, fehlen hier so wenig wie bei der Erdbeere oder Rose; sie bleiben nur sehr klein man findet sie bei genauem Zusehen als kleine' Schüppchen zwischen den Blüten.

Die einzelne Blume des Bienensaug ist in Fig. 21 der Länge nach halbiert, in Fig. 22 im Grundriß ge=zeichnet. Wir erkennen sie, in Erinnerung an die Kar=toffel und ihre Verwandten, als in Kelch und Krone vereintblätterig, mit der Krone aufsitzenden Staub=fäden und oberständigem Fruchtknoten. Der Kelch hat 5 spitze, ungleiche Abschnitte. Die Krone ist in ihrem untern Teile eine gekrümmte Röhre,

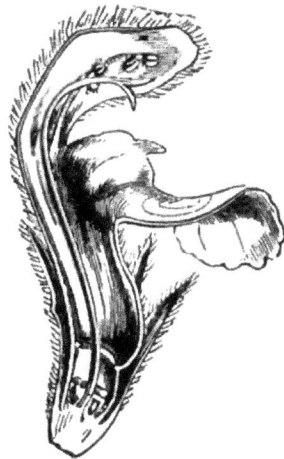

Fig. 21.

oben spaltet sie sich in 2 Hauptabschnitte, welche

wie ein aufgesperrter Rachen aus einander klaffen
und der eine aufwärts gerichtet, der andere abwärts
gekrümmt sind. Man nennt sie anschaulich die Lip =
p e n, jene die o b e r e, letztere die u n t e r e Lippe;
die ganze Krone eine z w e i l i p p i g e, die ganze
Blume eine L i p p e n b l u m e.

Die Oberlippe ist überall fast
gleich breit, an der Spitze abgerundet
und hier durch eine kleine Kerbe in
2 Lappen geteilt. An der Unterlippe
unterscheidet man 3 Lappen: einen
großen, mittleren, wiederum durch
eine breite Kerbe in zwei geteilten;
und jederseits am Grunde einen
breiten, flachen seitlichen, welcher in
einen spitzen Zahn endigt.

a.

Fig. 22.

Staubgefäße sind 4 vorhanden; von ihren Staub=
fäden sind 2 länger als die beiden andern, alle 4
stehen dicht unter der Oberlippe und haben die gleiche
Richtung wie diese.

Um den Fruchtknoten zu finden, muß man in den
Grund des Kelches und der Krone sehen, oder am
besten beide vorsichtig wegnehmen. Man findet als=
dann einen kleinen Körper, welcher durch 2 sich kreu=
zende tiefe Furchen geteilt ist in 4 senkrecht neben
einander stehende Abschnitte, deren jeder ein ge=
schlossenes Fach ist und eine Samenknospe enthält.
Dieselben sind nur ganz unten am Grunde zu
e i n e m Körper verbunden und in der Mitte,
zwischen den Abschnitten, entspringt hier der einfache,
dünne, fadenförmige Griffel. Dieser hat die gleiche
Richtung und ungefähr gleiche Länge wie die Staub=

fäden; sein oberes Ende spaltet sich in 2 gegen Ober= und Unterlippe gerichtete, zugespitzte Schenkel; der abwärts sehende dieser ist die den Blütenstaub aufnehmende Narbe (Seite 13).

Der Name Bienensaug besagt, daß Bienen (in Wirklichkeit richtiger Hummeln) an den Blumen Honig saugen, und Kinder ahmen dies gern nach, indem sie die Kronen unserer Pflanze abzupfen und den süß schmeckenden Saft, welcher alsdann dem untern Ende der Kronröhre reichlich anhaftet, ablecken. Dieser süße, zuckerhaltige Saft kommt hervor aus einem kleinen, gelappten, gelblichen Körper, welcher dicht unter dem Fruchtknoten dem Blütenboden aufsitzt. Man nennt diesen die S a f t d r ü s e oder H o n i g d r ü s e. Viele Blumen haben solche Honig= drüsen in ihrem Grunde, entweder auf dem Blüten= boden selbst, oder dem Kelch oder der Krone.

Nach dem Abblühen bleiben Kelch und Frucht= knoten stehen. Ersterer wächst noch. Die 4 Abschnitte des letztern nehmen gleichfalls stark an Größe zu; wenn die Reife eingetreten ist sind sie hart, braun, und trennen sich dann vollständig von einander und von dem sie verbindenden Mittelstück. Jeder enthält einen einzigen Samen von ähnlichem Bau wie bei der Kirsche oder Erdbeere. Nicht selten findet man, daß in einem oder mehreren Abschnitten des Frucht= knotens die Ausbildung der Samen nicht zustande kommt. Dieselben bleiben alsdann klein und stehen als verkümmerte Körperchen neben den ausge= bildeten.

Sieht man genau nach, welche Stellung die Blü= tenteile unserer Pflanze im Grundriß (Fig. 22) haben, so zeigt sich diese sehr ähnlich wie bei der Kartoffel (Fig. 19). Fünf Kelchabschnitte bilden einen Wirtel. Mit diesem abwechselnd gestellt sind 5 Abschnitte der Krone, nämlich die 2 der Oberlippe und die 3 Hauptabschnitte der Unterlippe. Die Staub=fäden stehen wiederum abwechselnd mit den genann=ten 5 Abschnitten der Krone, jedoch mit der Ein=schränkung, daß ihrer nur 4 sind, der fünfte, welcher mitten vor die Oberlippe zu stehen käme, fehlt. Ein Schenkel des Griffels und je ein Paar Fruchtknoten=abschnitte steht endlich vor jeder Lippe.

Die Vergleichung beider Grundrisse zeigt also einen sehr ähnlichen Plan der A n o r d n u n g. Da=gegen ist die F o r m, in welcher der Plan ausge=führt wird, in beiden Fällen verschieden. Ähnliches ergiebt sich aus der Vergleichung der Schmetterlings=blume mit der der Kirsche, wenn man bei letzterer die Zahl der Staubfäden auf 10 herabsetzt (vgl. Seite 22 und 49).

Der Bienensaug hat wiederum zahlreiche Ver=wandte, welche, wenn auch im Einzelnen mannigfach verschieden, sämtlich mit ihm übereinstimmen durch den Blütenbau, besonders auffallend die zweilippige Krone, den vierkantigen Stengel, die Stellung der Blätter und Blüten. So z. B. die M e l i s s e, S a l b e i, R o s m a r i n, T h y m i a n, M a j o = r a n, P f e f f e r m ü n z, L a v e n d e l. Das Laub aller dieser Pflanzen hat einen starken, bei manchen angenehmen Geruch, welcher von flüchtigem Öle her=rührt, das an der Oberfläche abgesondert wird.

Gänseblumen, Disteln, Löwenzahn und Verwandte.

29. Das Gänseblümchen ist eine kleine aus=
dauernde Staude. Ihren kurzästigen Bodenstock und
die an demselben dicht gedrängten Laubblätter wollen
wir hier nicht beschreiben, das kann jeder für sich
thun. Er wird dann auch sehen, daß die Winkel
dieser Blätter die Orte sind, wo die Stiele der nied=
lichen sternförmigen Dinger entspringen, welche ge=
wöhnlich die Blumen unserer Pflanze genannt
werden.

Wir haben aus den vorigen Abschnitten gelernt,
daß die Blumen nach den einzelnen Pflanzen zwar
sehr verschiedene Gestalten haben können, aber immer
den gleichen Aufbau aus Kelch, Krone, Staubge=
fäßen, Fruchtknoten wiederholen. Wie wir noch sehen
werden, kann dieser Aufbau vereinfacht sein; einer
und der andere der genannten Teile kann fehlen,
aber der Bauplan bleibt im übrigen immer der
gleiche. Sucht man nun an der sternförmigen „Gänse=
blume" diesen allgemeinen Blütenbauplan, so gerät
man in Verlegenheit. Zwar steht zu äußerst oder zu
unterst ein Kranz von zahlreichen schmalen und
spitzen Blättchen, welcher wohl ein Kelch sein könnte.
Dann folgt ein Kranz weißer oder manchmal röt=
licher schmaler Strahlen, welcher die Krone vor=
stellen könnte. Aber wo sind Staubfäden und Frucht=
knoten? Die vielen kleinen, gelben Körper in der
Mitte gleichen diesen gar nicht und was soeben mit
einer Krone verglichen wurde, hält den Vergleich bei
näherer Betrachtung auch nicht aus.

Nehmen wir letztere, am besten mit Hülfe der Lupe vor, und beginnen wir mit dem gelben Mittel= teile. Von außen gesehen, besteht derselbe aus sehr vielen, dicht neben einander in Reihen geordneten einzelnen Körperchen. Schneidet man die Gänseblume der Länge nach durch, wie Fig. 23, so zeigt sich, daß diese ziemlich hoch sind; daß sie neben einander auf einem gemeinsamen Träger stehen; daß sie von diesem

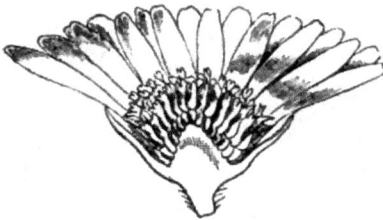 

Fig. 23.   Fig. 24.

leicht losgetrennt werden können, und daß jedes einzelne nichts ist als eine kleine Blume. Figur 24 zeigt eine solche der Länge nach aufgeschnitten, aus einander gelegt und vergrößert. Die gelbe Krone ist unten vereintblätterig, eine kleine Röhre; oben in 5 spitze, kurze Abschnitte geteilt, welche vor dem Auf= blühen fest zusammengeneigt sind und die Blume schlie= ßen, beim Aufblühen sich nach außen biegen. Fünf Staubfäden, mit den Kronabschnitten abwechselnd ge= stellt, sind der Röhre innen eingefügt. Jeder trägt oben

einen schmalen, gelben Staubbeutel, und diese sind
alle 5 mit ihren Seidenrändern fest vereinigt zu einem
engen Röhrchen. In diesem steckt der Griffel, er sieht
mit seinem obern Ende aus dem Röhrchen hervor
und ist in 2 kurze Arme geteilt, deren Innenfläche als Narbe den Blütenstaub aufnimmt. Das
untere Ende des Griffels führt zum Fruchtknoten
und zwar ist dieser unterständig (Abschn. 21), er trägt
die übrigen Teile wie ein kurzes und verhältnismäßig dickes Stielchen. Er ist einfächerig, enthält
eine einzige Samenknospe, und wird mit der Reife
zu einem nicht aufspringenden, trockenen Früchtchen,
welches samt den Samen ähnlichen Bau — später
auch ähnliche Keimung — hat wie bei der Erdbeere.
Wenn die Früchtchen reif sind, fallen sie von dem
Träger ab; Krone, Staubgefäße und Griffel sind
schon vorher verwelkt.

Warum wurde der Kelch nicht beschrieben?
Antwort: ein Kelch fehlt bei den Blumen unserer
Pflanze.

Die weißen Strahlen am Rande der Gänseblume
sind auch Blümchen. Fruchtknoten, Frucht, Samen und
Griffel sind wie bei den gelben der Mitte. Aber die
Krone ist anders gestaltet als bei diesen: sehr lang;
unten, wo sie dem Fruchtknoten aufsitzt, ein Röhrchen,
aus welchem der Griffel hervorsieht; oben gleichsam
der Länge nach aufgeschlitzt und flach gelegt, wie eine
ausgestreckte Zunge. Man nennt sie daher zungenförmig. Die Staubgefäße aber fehlen in den zungenförmigen Blümchen vollständig.

Nach alledem sehen wir, daß das, was man Gänseblume nennt, keine Blume ist, sondern eine Zusam-

menstellung vieler kleiner, vereintblätteriger Blumen: ein Blütenstand (S. 39). Beachtet man die Anordnung und die Folge des Auf- und des Abblühens der einzelnen Blümchen, so stehen alle auf dem Ende des aus dem Laubblattwinkel vortretenden Stiels, welches wir den Träger nannten, und die am Rande stehenden bilden sich zuerst aus, die übrigen nach und nach; um so später, je näher sie dem innersten und zugleich höchsten Punkt der Mitte stehen. Denkt man sich die Blüten des Rapses ganz kurz gestielt und an das Ende des sie tragenden Stengels ganz dicht zusammengerückt, so kommt die gleiche Anordnung heraus wie bei der Gänseblume. Der Blütenstand dieser ist also gleich dem des Raps ein traubiger (Seite 40), aber ausgezeichnet durch die dichte Stellung der kurz oder eigentlich gar nicht gestielten Blüten. Einen so beschaffenen, traubigen Blütenstand nennt man Kopf, Köpfchen, auch Körbchen. Unter einem solchen dicht gedrängten Blütenstand pflegt meist eine Anzahl besonders gestalteter Blätter ebenfalls dicht über einander zu stehen; man nennt sie mit einander die Hülle des Köpfchens. Bei der Gänseblume bilden sie den oben dem Kelche einer Blume verglichenen grünen Blätterkranz. Die Gänseblume ist also ein viel- und kleinblütiges Köpfchen, mit gelben Mittel- und weißen, manchmal roten, zungenförmigen Randblüten, gestützt von der grünen, vielblätterigen Hülle.

In den Gärten giebt es auch gefüllte Gänseblumen, wie man zu sagen pflegt, weiße und rote; sie heißen gewöhnlich Maßliebchen. Erinnert man sich, was wir (Abschn. 20) von gefüllten Rosen kennen gelernt

haben, so leuchtet sofort ein, daß es mit den gefüllten
Maßliebchen eine andere Bewandtnis haben muß.
In der That sehen wir leicht, daß bei diesen nicht die
Zahl der Kronblätter in einem einzelnen Blümchen
vermehrt ist, sondern daß hier alle Blümchen eines
Kopfs die Zungenform haben, welche sonst nur den
Randblumen zukommt. Also wieder, wie bei den Obst=
früchten, der gleiche Name des täglichen Lebens für
zwei wesentlich verschiedene Erscheinungen, die sich
nur oberflächlich ähnlich sehen.

Köpfchen ganz ähnlicher Zusammensetzung wie das
Gänseblümchen, sind, wie auf den ersten Blick deutlich
ist, die im gewöhnlichen Leben sogenannten Blumen
der großen Gänseblume (Ochsenauge) un=
serer Wiesen, der Kamille und a. m., der Astern
und vieler ähnlicher Gewächse unserer Gärten. Gar=
tenpflanzen, welche hierher gehören, haben oft auch
gefüllte Köpfchen, mit denen es sich verhält wie beim
Maßliebchen. So die Astern und die — in den Gär=
ten fast immer gefüllten (aus Mexiko stammenden) —
Dahlien oder Georginen. Da die Köpfe dieser
Pflanzen und ihre einzelnen Teile oft viel größer
sind als bei den Gänseblümchen, kann man an ihnen
die beschriebene Zusammensetzung noch leichter sehen
als bei diesen.

Die hervorgehobene Ähnlichkeit erstreckt sich auf den
gesamten Bau, insbesondere den der einzelnen Blü=
ten, der Frucht und des Samens; alle jene Pflanzen
sind daher mit der Gänseblume nahe verwandt.

Letzteres gilt auch von Disteln, Kletten, Kornblu=
men, Artischocken, vom Löwenzahn, Salat oder Lattich

und Zichorie. Wir wollen von diesen hier nur einige
Hauptunterschiede im Bau der Köpfchen hervorheben
und dabei festhalten, daß sie in allen übrigen Be=
ziehungen der Hauptsache nach mit der Gänseblume
übereinstimmen.

30. Die Köpfchen der mancherlei D i s t e l n und
der K l e t t e haben sehr reichblätterige Hüllen, die
Blättchen dieser endigen bei ersteren, wie die Zähne
der Laubblätter, in eine stechende, harte Spitze, einen
D o r n; bei der Klette ist die Spitze ein kleiner,
scharfer Haken, die Köpfchen bleiben daher an rauhen
Gegenständen fest hängen. Zahlreiche rote, bei manchen
Disteln schmutziggelbe Blüten stehen innerhalb der
Hülle auf dem Träger, zwischen dichten, weißen
Haaren, und zwar sind alle Blütchen eines Kopfes
einander gleich, alle haben eine lange, röhrenförmige,
oder fünfteilige Krone, aus welcher nach dem Aufblühen
Staubgefäßröhre und Griffel hervorsehen. An der
Stelle, wo bei anderen Pflanzen mit unterständigem
Fruchtknoten der Kelch steht, also dicht unter der
Krone auf dem Scheitel des Fruchtknotens, befindet
sich hier ein Kranz von Haaren, ein H a a r k r a n z;
derselbe breitet sich, zumal bei manchen Disteln, mit
der Fruchtreife aus, um der reifen abfallenden
Frucht als eine Art Flugapparat und Fallschirm zu
dienen. Auch manche der oben genannten Pflanzen,
z. B. die Astern, haben solche Haarkränze. Die
Köpfe der A r t i s c h o c k e n sind, abgesehen von ihrer
gewaltigen Größe und (blauen) Blütenfarbe, von
denen der Disteln nur verschieden durch die breiten,
fleischigen, an der Spitze kurz dornigen Blätter der
Hülle. Die Artischocken, welche zu Markte kommen,

sind die jungen noch nicht aufgeblühten Köpfe und man ißt von ihnen die unteren Stücke der Hüllblätter und den fleischigen Blüten=Träger.

31. Die blaue „Kornblume" ist ein ebenfalls der Distel ähnlich gebautes Köpfchen, seine Hülle aus dicht gedrängten, an ihren Rändern fransenartig zerschlitzten Blättchen aufgebaut. In der Mitte des Köpfchens steht eine Anzahl kleiner, der der Distel ähnlicher, violetter Blümchen mit sehr kurzem Haarkranze. Sie werden aber fast verdeckt durch die viel größeren, schön blauen Kronen, welche rings um den Rand des Köpfchens aus der Hülle vortreten. Diese stehen an der Stelle, wo bei ähnlichen Pflanzen Blumen stehen, sie haben auch sonst die Eigenschaften von Blumen oder richtiger von Teilen dieser. Aber sie enthalten weder Staubgefäße noch Griffel, noch bilden sie Frucht. Man kann sie Blumen nennen, welche nur aus der Krone bestehen, und taub, unfruchtbar sind.

32. Der gemeine Löwenzahn, auch Hundeblume, Kettenblume u. s. w. genannt, hat Köpfchen mit grüner, nicht dorniger Hülle und zahlreichen gelben Blümchen darin. Auch hier sind alle in einem Köpfchen einander gleich, wie bei Disteln und Kletten; aber sie sind alle zungenförmig, das blühende Köpfchen daher, abgesehen von der Farbe, einem gefüllten Maßliebchen ähnlich. Unter der gelben Krone steht auch beim Löwenzahn ein Haarkranz und unter diesem ist der Fruchtknoten zu einem langen, dünnen Faden, einem Schnabel ausgezogen. Anfangs sind in einem Kopfe sämtliche Früchtchen und Haarkränze aufrecht; zur Zeit der Reife treten

die Früchte strahlig aus einander, ihre Haarkränze breiten sich aus, wie Fig. 25 darstellt, Krone und Griffel fallen ab und zugleich schlägt sich die Hülle zurück. Die reifen, geschnäbelten Früchtchen sind daher zunächst frei auf dem Träger neben einander gestellt, zu dem bekannten kugeligen Kopfe, in dessen Oberfläche die Haarkränze sich ausbreiten. Sie fallen jetzt leicht ab, und werden vom Winde fortgeführt, wie man sieht, wenn man einen Kopf „ausbläst".

Wie beim Löwenzahn finden wir die Köpfchen zusammengesetzt, welche die Äste der Salat- oder Lattichpflanzen endigen. Auch die geschnäbelten Früchtchen sind jenen ähnlich. Nur enthalten die Lattichköpfchen sehr wenige Blüten und sind dem entsprechend klein und schmal. Auch bei der Schwarzwurzel (Skorzonere) unserer Gemüsefelder treffen wir dem Löwenzahn ähnliche, zungenblütige Köpfchen.

Fig. 25.

Desgleichen bei der blau blühenden Zichorie, deren Früchtchen aber keinen Schnabel und einen nur ganz kurzen Haarkranz besitzen.

Der Nußbaum.

33. Der Nußbaum wirft im Spätjahr sein Laub ab, er hat Winterknospen, wie der Kirschbaum und viele andere Bäume (Abschn. 12). Wie diese

treibt er im Frühling wieder aus, und zwar tragen auch seine Triebe teils Laub, teils Blüten und Früchte. Die entfalteten Blätter des Laubes erkennen wir leicht als fiederig zusammengesetzte (Seite 36), ihre Anordnung als die wechselständige (Seite 4). Alle Triebe, welche aus den Winterknospen am obern Teil vorjähriger Zweige kommen, bilden Laub. Weiter unten am vorjährigen Zweige aber kommt aus den seitlichen (ursprünglich blattwinkelständigen) Winterknospen kein Laub hervor, sondern aus jeder ein Kätzchen, wie wir sagen. Das Kätzchen besteht aus einem dünnen Stiel, welchem seitlich zahlreiche, auf den ersten Blick wie eine Gruppe von Schüppchen aussehende Körper in regelmäßiger Anordnung auf= sitzen. Genauer betrachtet besteht ein solcher Körper erstlich aus einem Stielchen, welches von dem Haupt= stiele entspringt und in eine aufwärts, d. h. gegen die freie Spitze des Kätzchens gebogene flache Aus= breitung endigt. Auf dem Stielchen stehen etwa 10-20 (manchmal auch weniger) einander gleiche, kantige, längliche Körper. Sie sind in der Jugend gelb. Ihre Oberfläche reißt bald beiderseits der Länge nach auf und aus dem Riß tritt Blütenstaub hervor: es sind Staubbehälter mit sehr kurzen Staubfäden. Nach dem Aufreißen werden sie schwarz und vertrocknen. Die Staubgefäßgruppe wird um= geben von mehreren dünnen, grünen Blättchen. Im regelmäßigsten Falle stehen 4 dieser, kreuzweise geordnet wie die Kelchblätter des Rapses, um die Staubfäden herum; sie bilden mit diesem eine kleine Blume, welche also besteht aus einem vierblätterigen Kelch und den Staubgefäßen. Manchmal ist die Zahl der Kelchblätter eine geringere. Außen von dem Kelch stehen noch 2 andere, ihm ähnliche Blättchen rechts und links neben der Schuppe, welche das Stielchen endigt. Ein Fruchtknoten ist in der Blume nicht vorhanden; eine Krone fehlt ebenfalls. Bei dem Mangel des Fruchtknotens können die Kätzchen auch keine Früchte tragen, sie fallen vielmehr ab wenn alle Staubgefäße ihren Blütenstaub entleert haben.

Die Anfänge der Früchte müssen wir wo anders suchen, und finden sie an den Enden mancher, aber nicht aller derjenigen Jahrestriebe, welche Laub tragen. An solch fruchttragendem Ende stehen meist 2 - 3, manchmal auch mehr grüne Blüten, welche, wie in Fig. 26 dargestellt ist, der Hauptmasse nach bestehen aus einem ovalen Körper,

Fig. 26.   Fig. 27.

der in zwei gelbliche, zurückgekrümmte, breite, auf ihrer Oberfläche kraus = unebene Lappen endigt. Letztere sind die Abschnitte eines sehr kurzen Griffels, ihre krause Oberfläche nimmt den Blütenstaub auf, hat also die Eigenschaften der Narbe (Abschn. 6). Der grüne, eiförmige Körper, welcher sie trägt, ist der Fruchtknoten. Auf seinem Scheitel, dicht unter den

Narben, findet man, besonders deutlich wenn letztere vorsichtig weggenommen sind, 4 kleine, spitze, grüne, übers Kreuz gestellte Blättchen, welche nach der Vergleichung mit anderen Blüten wiederum als der Kelch anzusprechen sind; ihrer Einfügung nach ist der Fruchtknoten unterständig (Seite 46). Einige andere Blättchen sind am jungen Fruchtknoten unterhalb des Kelches angewachsen. Schneidet man den Fruchtknoten der Länge nach mitten durch wie in Fig. 27, so sieht man, daß seine dicke Wand eine einfache enge Höhlung umgiebt, welche ausgefüllt wird durch eine vom Grunde aus aufrechte Samenknospe.

Einige Zeit nachdem die Narben Blütenstaub aufgenommen haben, fallen dieselben mit dem Griffel und dem Kelche ab, der Fruchtknoten wächst zur Frucht, die Samenknospe zum Samen heran.

Den letztern kennt jeder im reifen Zustande als den eßbaren Kern der Nuß. Er ist aufgebaut, wie bei der Kirsche oder Mandel oder Erbse, nur ist seine Gestalt eine andere. Die Samenschale umgiebt ihn als die bekannte dünne, an der frischen Nuß leicht abziehbare Haut. Was in dieser steckt, besteht der Hauptmasse nach aus 2 großen Keimblättern, welche mit ebener Fläche auf einander liegen: der Rand dieser Fläche springt als scharfe Kante an den Seiten des Nußkerns vor. Jedes Keimblatt ist dann ferner nicht glatt und ungeteilt, sondern in 2 Lappen geteilt und die Oberfläche sehr uneben. An dem einen Ende werden beide Keimblätter zusammengehalten durch ein kurzes Mittelstück mit Stamm- und Wurzelende; jenes wächst bei der Keimung zum jungen Stamme, letzteres zur ersten Wurzel des

Nußbaumes aus; die Keimblätter bleiben dabei im Boden wie bei der Erbse.

Die Frucht des Nußbaumes ist eine Steinfrucht ähnlich wie die Kirsche; das Fleisch derselben ist freilich nicht süß und eßbar, es bildet die sehr herbe, grüne Schale, welche den Stein umgiebt, den wir gewöhnlich die Nuß nennen. Ist sie ganz reif, dann zerplatzt die grüne Schale unregelmäßig und die Nuß fällt heraus. Sie bleibt immer geschlossen bis zur Keimung; bei dieser wird sie durch die vorwachsende Wurzel gesprengt. Das geschieht gegen das Frühjahr hin, wenn man im Spätjahr die reife Nuß in Erde bringt und diese feucht hält.

34. Kommen wir nun nochmals auf die Blüten zurück, so sehen wir die Kätzchen aus zahlreichen, kleinen Blüten aufgebaut; sie sind also Blütenstände und zwar, nach Anordnung und Entwickelungsfolge, traubige (Seite 40). Das Gleiche gilt von den kleinen Gruppen fruchttragender am Gipfel der Triebe.

Die Blüten des Nußbaumes zeichnen sich aber in ihrem Bauplan von den früher betrachteten durch zweierlei Besonderheiten aus: erstens haben sie keine Krone, sie sind kronenlos; und zweitens sind Staubgefäße und Fruchtknoten nie in derselben, sondern in verschiedenen Blüten enthalten; man unterscheidet Staubgefäßblüten oder männliche, und fruchttragende oder weibliche; jede Blüte ist hiernach eingeschlechtig. Im Gegensatz hierzu werden jene, welche sowohl Staubgefäße als Frucht bilden, zweigeschlechtige oder Zwitterblüten genannt. Bei Raps, Kirschbaum, Erdbeere, Rose,

Erbse, Bienensaug u. s. w., fanden wir nur Zwitter=
blüten; desgleichen in den Köpfchen der Disteln, des
Löwenzahn und Lattich. In den Köpfchen der Gänse=
blume dagegen sind die gelben Blumen der Mitte
Zwitter, die zungenförmigen des Randes dagegen
eingeschlechtig und zwar weiblich.

Es giebt viele Pflanzen mit nur eingeschlechtigen,
teils männlichen, teils weiblichen Blüten. Viele
unserer gewöhnlichen Waldbäume, E i c h e n , B u c h e n ,
B i r k e n , E r l e n , der H a s e l n u ß s t r a u c h , die
eßbare K a s t a n i e z. B. zeigen dieses Verhalten
Die meisten derselben haben die männlichen Blüten
in ähnlichen (nicht gleichen) hinfälligen Kätzchen, wie
der Nußbaum. Bei der Buche sind die männlichen
Kätzchen anders gestaltet, sie haben die Form runder
Köpfchen (Seite 70). Bei der eßbaren Kastanie stehen
männliche und weibliche Blüten in demselben Kätzchen:
jene nehmen den größern obern Teil ein, welcher
nach dem Blühen vertrocknet und abfällt; die weib=
lichen sitzen an dem untern Teil, welcher bis zur
Fruchtreife stehen bleibt.

Streng eingeschlechtige Blüten sind aber nicht
immer klein und in Kätzchen geordnet, wie bei diesen
Bäumen. Die großen, blattwinkelständigen, gelben
Blumen der K ü r b i s s e , G u r k e n , M e l o n e n
z. B., sind auch eingeschlechtig: die einen mit großem,
unterständigem Fruchtknoten, ohne Staubgefäße; die
anderen männlich, ohne Fruchtknoten.

Weiden und Pappeln.

35. Unter unseren gewöhnlichen Gehölzen haben auch die Weidenarten Kätzchen, und diese treten auch aus Winterknospen am vorjährigen Zweige hervor, während andere Winterknospen Laubzweige treiben.

Die einen Kätzchen der Weiden werden, wenn erwachsen, gelb oder rötlich. Sie enthalten nur männliche Blüten. Der Stiel, so weit er diese trägt, ist mit zahlreichen, haarigen, schuppenförmigen Blättchen besetzt, und in dem Winkel eines jeden dieser — also blattwinkel= ständig — steht, wie Fig. 28 schwach vergrößert darstellt, eine kleine Blüte, welche fast nur aus meist zwei von einem Punkte entspringenden Staubfäden mit kleinen Staubbeuteln besteht. Auf der Innenseite steht an ihrer Ansatzstelle noch ein kleines, gelbes, stumpfes Zäpfchen mit klebriger Oberfläche: eine H o n i g = b r ü s e (Seite 65). Einige Weidenarten haben in jeder Blüte nicht 2 Staub= gefäße, sondern 3 oder 5.

Fig. 28.

Andere Kätzchen der Weiden sind nicht gelb, son= dern grün. Sie enthalten nur weibliche Blüten. Ihr Bau ist im übrigen ganz der gleiche, wie bei jenen männlichen; nur steht an Stelle der Staubfäden jedesmal ein von kurzem Stielchen getragener Frucht= knoten (Fig. 29). Dieser ist länglich, an seiner Spitze mit zweispaltigem Griffel geendigt, innen einfächerig und mit 2 gegenüber stehenden Reihen kleiner Samenknospen versehen. Die Frucht bleibt klein und reift rasch. Etwa Ende Mai reißt sie der Länge nach in 2 weit klaffende Abschnitte auf, und läßt die sehr kleinen Samen austreten, welche mittelst eines Schopfes langer, zarter Haare vom Winde weggeführt werden.

Wir sehen hiernach, daß bei der Weide die einzelne Blüte noch einfacher ist als beim Nußbaum. Die weibliche besteht nur aus dem zur Fruchtbildung notwendigsten, dem Fruchtknoten; die männliche nur aus den zur Ermöglichung der Fruchtbildung notwendigen Staubgefäßen. Kelch und Krone fehlen beide, die Blüten werden daher nackt genannt.

Vergleicht man blühende Weiden= stöcke mit einander, so zeigt sich, daß jeder entweder nur männliche oder nur weibliche Kätzchen trägt. Es sind also nicht nur die Blüten, sondern die ganzen Stöcke eingeschlechtig, männlich oder weiblich. In Zeiten, wo bildliche Ausdrücke beliebt waren, sagte man, männliche und weibliche Blüten wohnen in je besonderm Hause, nannte also die Weide zwei= häusig. Nußbaum, Eiche, Kastanie, Kürbis, mit eingeschlechtigen Blüten auf demselben Stocke, heißen dagegen einhäusig.

Fig. 29.

36. Die den Weiden sehr nahe verwandten Pap= peln sind auch zweihäusig. Die gewöhnlichen, an den Landstraßen gepflanzten Pappelbäume z. B.,

sind fast immer nur männlich. Andere zweihäusige Pflanzen sind z. B. der S p i n a t , der H a n f , der H o p f e n . Von letzterm wachsen männliche und weibliche Stöcke wild in Gebüschen; angebaut werden nur weibliche. Um noch ein Beispiel mit großen Blumen zu nennen, so sind manche Nelken zwei= häusig; die meisten Nelken aber haben Zwitterblüten.

Tulpen, Lilien, Zwiebeln und ihre Verwandten.

37. T u l p e n und L i l i e n haben große Blumen von sehr regelmäßigem Bau. Außen 6 lebhaft gefärbte, oder weiße Blätter, dann nach innen 6 Staubgefäße, zu innerst ein oberständiger, dreikantiger Fruchtknoten; bei der Lilie mit einem oben in die klebrige Narbe endigenden Griffel; bei der Tulpe ohne Griffel, die 3 Kanten des Fruchtknotens direkt in einen un= ebenen Körper endigend, welcher die Narbe ist. Der Fruchtknoten ist in drei Fächer geteilt, deren jedes in seinem innern Winkel zahlreiche Samenknospen trägt. Die 6 farbigen Blätter der Blume sind ein= ander sehr ähnlich, man kann sie nicht in Kelch und Krone unterscheiden und nennt sie daher mit einander die B l ü t e n d e c k e .

Achtet man aber auf ihre Anordnung, so zeigt sich leicht, daß drei, einen Wirtel bildend (S. 9), etwas weiter außen stehen; die drei andern, mit jenen genau abwechselnd, und von ihren Rändern bedeckt, etwas weiter innen. Dasselbe Verhältnis tritt bei den 6 oder 2 mal 3 Staubgefäßen hervor, und die

3 äußeren dieser wechseln mit den inneren Blättern der Blütendecke ab. Die 3 Fächer des Fruchtknotens endlich wechseln ab mit den 3 inneren Staubge= fäßen. Die Blüte setzt sich also, wie der Grundriß (Fig. 30; vgl. Seite 8) zeigt, zusammen aus 5 auf einander folgenden und abwechselnden, breigliederigen Kreisen oder Wirteln.

Denselben Bauplan oder Grundriß der Blüten zeigen Hyazinthen, Maiblumen, Zwiebel= und Laucharten; auch der Spargel, jedoch mit dem Unterschiede, daß bei ihm die Blüten gewöhnlich eingeschlechtig sind. Die Gestalt der Blüten und der Blütenstand sind dabei man= nigfach verschieden; insonderheit ist die Blütendecke bei manchen, z. B. bei der Hyazinthe und Maiblume, vereintblätterig (S. 59).

Fig. 30.

Schneeglöckchen und Narzissen haben ebenfalls den gleichen Bauplan der Blüte, mit dem Unterschied, daß der Fruchtknoten unterständig (S. 46) ist. Das Gleiche gilt von den Schwertlilien (Iris), mit dem fernern Unterschiede, daß nur 3 Staub= gefäße vorhanden sind und der Griffel sich oben in 3 große, flache Abschnitte von der Farbe der Blüten= decke spaltet.

Die reife Frucht der Tulpe, Hyazinthe, der Zwie= beln, Schneeglöckchen, Iris, ist eine Kapsel (Seite 51), welche in 3 mitten durch die Außenwand der Fächer gehenden Längsspalten aufspringt; die Früchte der Maiblume und des Spargels sind Beeren (S. 60).

38. Aus dem keimenden Samen der Zwiebel=

pflanze tritt, wie bei früher betrachteten Samen, eine Keimpflanze hervor; zuerst die Spitze einer Wurzel, welche in den Boden bringt, dann in gerader Fortsetzung der Wurzel ein grüner, rund=fadenför= miger, nach oben allmählich verschmälerter Körper. Dieser erhebt sich über den Boden, richtet sich auf, bleibt aber in seinem obern Teile abwärts geknickt, so daß die Spitze gegen den Boden sieht. Die schwarze Samenschale bleibt auf dieser sitzen.

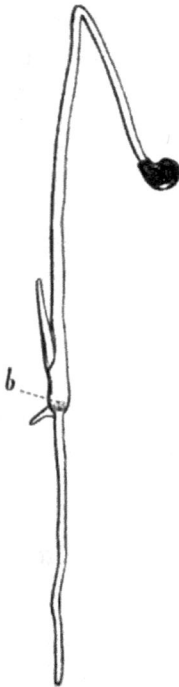

Läßt man das Pflänzchen weiter wachsen, so schwillt der grüne, auf= rechte Teil unten, wo er an die nicht grüne Wurzel grenzt, etwas an, wie in Fig. 31 bei b zu sehen ist. Über der Anschwellung tritt nach einiger Zeit ein zweiter, spitzer, grüner Körper hervor, welcher dem ersten ähnlich, nur von Anfang an gerade ist. Sieht man genau nach, so erkennt man, daß der zweite aus einer kleinen Spalte im Grunde des ersten herauskommt. Bei noch länger fortgesetztem Wachstum tritt ein drit= ter, dann ein vierter grüner Körper jedesmal zwischen den beiden vorigen hervor, und so fort mehrere; jeder folgende wird etwas größer als die vorhergehenden, und schon der zweite ist dem schmalen, runden Blatte des grünen Zwiebellaubs gleich, wenn auch kleiner als bei der alten Pflanze. Auch von dem geknickten ersten gilt mit Ausnahme

Fig. 31.

der hervorgehobenen Eigenheiten das Gleiche; wir nennen daher auch alle mit einander Blätter.

Woher dieselben kommen, zeigt sich, wenn man die junge Pflanze der Länge nach aufschneidet. Das geknickte erste Blatt enthält unten in der Anschwellung auf der einen Seite eine Höhlung, welche sich mit oben genannter Spalte nach außen öffnet. In der Höhlung, dicht über der Ansatzstelle der Wurzel, liegt ein kleines, flaches Stengelende (vgl. Seite 16), an welchem in wechselständiger Ordnung neue Blätter auftreten. Diese strecken sich rasch wie wir sahen. Das Stengelchen bleibt kurz. Nach abwärts geht es unmittelbar über in die erste Wurzel, welche wir daher auch hier die Hauptwurzel nennen (vgl. Seite 16).

Schon in dem eben gereiften Samen sind die beschriebenen Teile des Keimpflänzchens vorhanden, nur noch sehr klein. Das erste geknickte Blatt bildet hier den größten, am meisten ausgebildeten Teil der Keimpflanze, wie wir dies von den Keimblättern der Erbse u. a. m. gesehen haben; es wird daher auch Keimblatt genannt.

Was wir soeben gelernt haben von dem Vorhandensein des Stengelchens in der Höhlung des Keimblatts, können wir auch anders bezeichnen, indem wir sagen: das Stengelchen und alles was an diesem sitzt, wird von dem untern Stücke des Keimblatts umfaßt wie von einer, nur in der kurzen Spalte offenen Scheide. Ebenso wie diese umgiebt der untere Teil jedes später hinzukommenden Blattes die Ansatzstellen sämtlicher junger Teile. Wir reden daher bei jedem Blatte von seinem Scheidenteil.

Dieser wird an dem Keimblatt gegen zolllang, bei den anderen Blättern viel größer.

Das Keimblatt und die ihm zunächst folgenden werden bald welk und sterben ab. Die nach einander später kommenden werden bald erheblich größer; ihr oberer, grüner Teil dauert jedesmal einige Zeit, um dann auch zu welken und abzusterben. Der untere, dem Stengel ansitzende Abschnitt ihres Scheidenteils aber schwillt an zu einem dicken, saftigen Körper, und dieser bleibt frisch und saftig, wenn der obere abgestorben ist. Diese saftigen, in einander geschachtelten Scheidenstücke stellen mit einander den dick geschwollenen Körper dar, welchen wir Zwiebel nennen. Die inneren, jüngeren endigen in grüne Blätter, an den äußeren haften höchstens noch die vertrockneten Reste dieser. Aber auch die fleischigen Scheidenstücke dauern nur eine gewisse Zeit. In dem Maße als sie alt werden, vertrocknen sie gleichfalls, und die ältesten, äußersten umgeben die übrigen in Form jener harten, trockenen, rotbraunen Schalen der Zwiebel.

Der Stengel wächst auch während dieser reichen Blattentwicklung nur langsam in die Höhe, aber stark in die Breite. Er wird ein kurzer, dicker Körper, welchem die Scheiden ansitzen, unten flach abgeschnitten, oben zwischen den jüngsten Blättern in die kurze Stengelspitze endigend. Die Hauptwurzel, in welche sich das junge Stengelchen fortsetzt, folgt dem Breitenwachstum dieses nicht, bleibt vielmehr dünn fadenförmig und stirbt bald ab. Dafür treten immer zahlreichere, ihr gleiche fadenförmige seitliche Wurzeln ringsum an der untern Stengelfläche hervor; die

erſten derſelben ſchon, wenn die erſte Blattſpitze aus
der Keimblattſcheide kommt, wie Fig. 34 unter b zeigt.

So iſt im Herbſt aus der kleinen Keimpflanze
die dicke Zwiebel mit ihren Schalen und einem
Schopf von Wurzeln geworden. Läßt man ſie nun
weiter wachſen, ſo erhebt ſich im nächſten Sommer
das Stengelende mehr und bildet dicht unter der
Spitze zahlreiche Zweige, welche zu geſtielten Blüten
werden und mit einander einen dicht gedrängten
Blütenſtand darſtellen. Unmittelbar unter dieſem
ſtehen noch 2 breite, kurze Blätter, welche ihn um=
hüllen. Zuletzt ſtreckt ſich das unterhalb dieſer
ſtehende Stengelſtück zu dem langen, hohlen Blüten=
träger, hebt den Blütenſtand aus der Zwiebel hoch
empor, und dann erfolgt die Entfaltung der Blüten.
Die früher fleiſchigen Zwiebelſcheiden werden während
der Blüten= und Fruchtbildung welk und ſind mit
Vollendung letzterer abgeſtorben. Vorher aber iſt in
dem Winkel einer oder mehrerer derſelben ein Zweig
entſtanden, welcher wiederum die Eigenſchaften und
das Wachstum der erſten Zwiebel annimmt.

Was wir Zwiebel nennen, iſt nach alledem ein
kurz bleibender, mit fleiſchigen Blattſcheiden beſetzter
Bodenſtock (Seite 56), der ſich verzweigen kann,
wie andere Bodenſtöcke, und ſich von dieſen nur durch
die ſoeben genannte Eigentümlichkeit unterſcheidet.
Von den im Abſchn. 37 genannten Pflanzen, welche
ſehr ähnlichen Blütenbau haben, wie die Zwiebel=
pflanze, bilden einige auch Bodenſtöcke in Form von
Zwiebeln aus, ſo z. B. Hyazinthen, Tulpen, Schnee=
glöckchen. Andere dagegen haben geſtreckte Bodenſtöcke

mit nicht fleischigen Blättern, z. B. Maiblumen und
Iris.

Alle jene Pflanzen aber haben den gleichen Bau
des Samens, insbesondere der Keimpflanze, wie die
Zwiebel; und der erste Blick zeigt auch große Ähn=
lichkeit derselben in der Form ihrer schmalen unge=
teilten Blätter.

Gräser.

39. Weizen, Roggen, Hafer haben ähnliche
Laubblattform wie die zuletzt genannten Gewächse;
jedes Blatt umfaßt den Stengel mit einem Scheiden=
teile, welcher nicht nur in einer kleinen Spalte, wie
bei der Zwiebel, sondern der ganzen Länge nach
einseitig offen ist. An der Abgangsstelle der flachen
Spreite erhebt sich von der Innenfläche ein dünner,
häutiger Fortsatz, das Blatt=Häutchen.

Die Früchte des Weizens, und die Blüten aus
welchen sie werden, stehen in den bekannten Ähren.
Eine Ähre ist, nach dem früher (Abschn. 17) Ge=
lernten, ein Blütenstand, und zwar, der Anordnung
ihrer Teile gemäß, ein traubiger.

Die Teile welche bei Betrachtung des Aufbaues
der Ähre zuerst ins Auge fallen, stehen am Stengel
sehr regelmäßig in 2 geraden Reihen, und zwar ab=
wechselnd jedesmal einer rechts, der nächsthöhere
links in einem Ausschnitte des Stengels. Diese zwei=
reihig gestellten Hauptabschnitte der Ähre sind aber
noch nicht die Blüten, sondern wiederum kleine Blü=
tenstände; wir nennen sie die Ährchen. Um ihren
Bau zu erkennen, schneiden wir eines ab. Von außen

gesehen, so wie Fig. 32 es darstellt, zeigt es meist 6 (manchmal auch weniger) harte, schuppenförmige Blät= ter, jedes wie ein Kahn gestaltet, in der Mitte mit einer scharfen Rippe, am Ende mit einer Spitze versehen, welch letztere bei bestimmten Weizensorten zu einem langen, rauhen Fortsatz, der Granne, aus= wächst. Sie sind wiederum abwechselnd rechts und links in zwei Reihen gestellt. Nimmt man das Ährchen

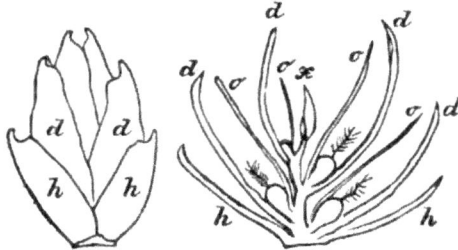

Fig. 32.   Fig. 33.

auseinander, oder schneidet es in der Mitte so durch wie Fig. 33 angiebt, so sieht man zunächst jene 6 (in der Fig. 32 und 33 mit h und d bezeichneten) Blätter, zumal die unteren, dicht übereinander einem kleinen Zweig oder Stiel eingefügt. Letztere setzt sich noch über die Ursprungsstelle des sechsten Blattes hinaus fort und trägt am Ende einige verkümmerte Blättchen (Fig. 33, x).

Mit Ausnahme der beiden untersten steht in dem Winkel jedes der 6 Blätter eine Blüte auf einem sehr kurzen, kaum sichtbaren Stielchen. Das kahn= förmige Blatt ist also das Deckblatt oder Stütz= blatt (Seite 6) der Blüte (d, Fig. 32, 33.) An

den kurzen Blütenstielchen selbst, also zur Blüte
gehörig, steht zu unterst ein Blatt (o, Fig. 33),
welches flach, dem Deckblatt gerade gegenüber ge=
stellt, wenig kleiner als dieses ist, und von seinen
Seitenrändern umfaßt wird. Dann kommen zwei
einander gleiche, kleine und zarte, weiße Blättchen,
von der Form kurzer Schüppchen. Sie stehen vor
dem Deckblatt rechts und links, man trifft also auf
sie, wenn man dieses wegnimmt. Endlich kommen
3 Staubgefäße und, das obere Ende der Blüte ein=
nehmend, ein Fruchtknoten mit 2 federartig behaarten
Griffeln. In der Fig. 33 ist von
letzteren Teilen nur der Frucht=
knoten angedeutet. Fig. 34 stellt
diesen, die Staubgefäße und die
Schüppchen im natürlichen Zu=
sammenhang mit einander dar,
nach Wegnahme des Deckblatts
von außen gesehen.

Fig. 34.

Fassen wir das bisherige kurz zusammen, so besteht
also die Blüte aus Fruchtknoten, Staubgefäßen und
drei unter letzteren stehenden Blättern. Diese sind
sehr ungleich: zwei stellen jene Schüppchen dar,
das dritte ist das verhältnismäßig große flache, dem
Deckblatt gegenüber stehende (o). Es hat in Größe
und Aussehen die meiste Ähnlichkeit mit dem Deck=
blatt; beide werden zur Zeit der Fruchtreife hart
und trocken wie Kartenpapier. Sie umgeben mit
einander die Frucht, man nennt sie mit einander die
Spelzen; und zwar das Deckblatt die untere
Spelze, weil es tiefer sitzt und die andere umfaßt;
das flache die obere Spelze.

Es bleiben nun von dem Ährchen noch die 2 untersten, je einer der beiden Reihen angehörigen Blätter (h, Fig. 32, 33), zu betrachten übrig. Sie sind
den unteren Blütenspelzen ähnlich, kahnförmig, in
ihrem Winkel steht aber eine kleine Blüte. Sie stehen
dicht unter den ersten blütentragenden, wie die zahlreichen Blättchen der Hülle unter dem Köpfchen
der Gänseblume oder der Distel (Fig. 23); wir
nennen sie daher auch wie dort die Hülle, Hüllblätter, oder wegen ihrer Ähnlichkeit mit den
Blütenspelzen, die Hüllspelzen. Bei Blütenständen sehr verschiedener Pflanzen, wenn sie dicht
gedrängt sind, treten solche Hüllen, d. h. dicht über
einander stehende Blättchen, dicht unter dem Blütenstand auf. Die Hülle der Disteln besteht aus vielen,
die des Weizens aus zwei Blättern.

Kehren wir nun zu den oben verlassenen Blüten-
teilen, Staubgefäßen und Fruchtknoten zurück. Dieselben sind fest zwischen den Spelzen eingeschlossen
bis zur Zeit des Blühens. Ist diese eingetreten, dann
klaffen die beiden Spelzen auseinander, die 3 Staubfäden strecken sich hervor, der Blütenstaub wird
sofort entleert; unten zwischen den Seiten der Spelzen strecken sich die Griffel heraus; nach kurzer Zeit
schließen die Spelzen wieder zusammen, Staubgefäße
und Griffel vertrocknen dann.

Der Fruchtknoten wächst nun zur Frucht, zum
Weizenkorn heran. Er enthält nur eine Samenknospe, die seine Höhlung völlig ausfüllt. Sie wird
zu dem verhältnismäßig großen Samen, die Frucht-
knotenwand aber wächst nur gerade so viel, daß
sie diesen eng umschließt. Sie bildet am reifen

Weizenkorn die dünne, braune, oberflächliche Haut oder Schale; alles übrige ist Samen, d. h. aus der Samenknospe geworden.

40. Das reife Korn hat eine enge Längsfurche, und zwar liegt diese auf seiner der obern Spelze zugekehrten, der innern Seite; die äußere ist gewölbt. Sein oberes Ende ist quer abgeschnitten und haarig; das untere, dem Stiel ursprünglich ansitzende, ist spitz.

Dicht über diesem an der Außenseite und unmittelbar unter der braunen Schale liegt die Keimpflanze. Man sieht sie schon von außen an dem trockenen Korn. Weicht man dieses in Wasser auf, so kann man sie durch vorsichtiges Abziehen der Schale freilegen und ihren Bau alsdann mit der Lupe erkennen. Noch deutlicher wird dieser, wenn man der Länge nach mitten durchschnittene Körper mit den unburchschnittenen vergleicht. Am allerbesten nimmt man Körner, welche eben zu keimen anfangen. weil bei ihnen alle Teile der Anordnung nach noch unverändert, nur etwas größer sind als vorher, und vergleicht sie sofort mit anderen, welche in der Keimung weiter vorgeschritten sind.

Fig. 35 stellt in a und b mitten durchschnittene, in c und d von außen betrachtete Körner dar; a ungekeimt, b und c im Beginn, d in vorgeschrittenem Zustand der Keimung.

Die Keimpflanze zeigt zunächst einen gelblichen flachen, wie ein Schildchen gestalteten Körper, dessen unteres Ende in eine Spitze ausläuft: diese wächst beim Keimen zur ersten oder Hauptwurzel heran. Dicht über ihr steht auf der Fläche des

Schildchens ein länglich kegelförmiger Körper: das Stengelchen mit den ersten Blättern. Das Ganze streckt sich beim Keimen, und man erkennt dann leicht, daß das Stengelende selbst zunächst ganz kurz ist, und eingewickelt von den Scheidenteilen der ersten Blätter, wie bei der Zwiebel. Das äußerste Blatt umhüllt alle übrigen vollständig. Es bleibt auch

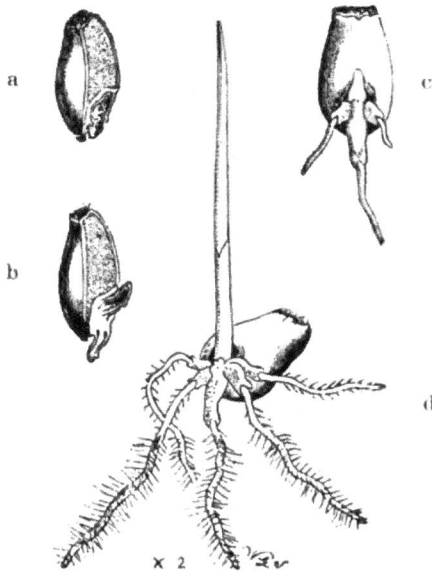

Fig. 35.

nach der Keimung eine blasse Scheide, aus welcher dann zunächst das zweite, grüne, und die folgenden herauskommen, und zuletzt der sich streckende, ähren=tragende Stengel. Am Grunde des ersten Scheiden=blattes endlich zeigt die Keimpflanze noch meist zwei Höcker oder Anschwellungen, welche sich bei der Kei=

mung als die Anfänge seitlicher Wurzeln erweisen.
Fragen wir jetzt noch nach dem ersterwähnten Schild=
chen, welches die übrigen Teile trägt, so nimmt dieses
die Stelle des Keimblattes der Zwiebelpflanze ein:
es ist das Keimblatt, welches beim Keimen nur wenig
wächst und nicht über den Boden tritt, sondern in
diesem liegen bleibt, wie die Keimblätter der Erbse
und der Nuß.

An der älter werdenden Pflanze treten unter den
ersten Wurzeln immer mehr neue auf; alle, auch die
erste, bleiben dünn, fadenförmig; das untere Ende
der Pflanze ist daher wie bei der jungen Zwiebel=
pflanze gebaut, nur daß die Blattscheiden nicht fleischig
anschwellen. In den Winkeln der untersten Blätter
ferner können Zweige gebildet werden, welche, gleich
dem ersten Stengel, unten Seitenwurzeln treiben,
nach oben zu ährentragenden Halmen auswachsen. In
den Winkeln ihrer untersten Blätter kann sich dieselbe
Bildung wiederholen. So wird aus der einfachen
Keimpflanze ein am Boden verzweigter, viele Ähren
tragender Stock, Bodenstock; die Pflanze bestockt sich,
wie man sagt.

Die Keimpflanze ist nur ein kleiner Teil des ganzen
Weizenkorns. Die (in den Durchschnitten a und b
punktierte) Hauptmasse dieses besteht aus dem weißen,
mehligen Körper, aus welchem das Mehl gemacht
wird. Derselbe entsteht mit der Keimpflanze in der
Samenknospe, er ist ein Teil des Samens. Ist
das Korn in feuchten Boden gesäet, so quillt er,
wird weich und schwindet dann mehr und mehr, bis
zuletzt die leere, schrumpfende Schale zurückbleibt.
Und genauere Untersuchung zeigt, daß dieses davon

herkommt, daß er aufgelöst und zum großen Teile aufgesogen wird von der wachsenden jungen Pflanze. Er liefert dieser das Material zum Wachsen, zum Aufbau der Blätter, Wurzeln u. s. w., er dient, kurz gesagt, zu ihrer ersten Ernährung. Wir können ihn daher den Nährkörper des Samens nennen. Bei der Zwiebelpflanze findet sich ein ähnliches Verhältnis, und schon bei der Kartoffel (Seite 60) sahen wir im Samen innerhalb der Schale einen die Keimpflanze umgebenden Nährkörper. Er zeigt ähnliches Verhalten wie beim Weizen, nur weniger auffallend, weil er weniger groß ist. Die Auf= saugung des Nährkörpers bei der Keimung sehen wir durch die Keimblätter geschehen: beim Weizen durch die Oberfläche des Schildchens, welches an dem Nährkörper im Boden sitzen bleibt; bei der Zwiebel durch die Spitze des einen, bei dem Kartof= felsamen der beiden Keimblätter, welche Spitzen im Samen eine Zeit lang stecken bleiben und diesen über den Boden heben. — Erbse, Raps, Nuß und die übrigen oben beschriebenen Samen haben keine Nähr= körper; es giebt also Samen mit und ohne solchen. Letztere haben dafür, wie die Erbse und Nuß leicht zeigen, sehr dicke Keimblätter und diese selbst liefern der jungen Pflanze das Material zu ihrer ersten Ernährung.

41. Alle Pflanzen, welche wir Gräser nennen, sind dem Weizen in allen Teilen sehr ähnlich. Viele haben wie dieser Ähren und sind von ihm nur ver= schieden durch kleine Formunterschiede und durch die Zahl der Blüten, resp. der Blütenspelzen in den ein= zelnen Ährchen. Der Roggen z. B. hat deren im

Ährchen gewöhnlich nur 2, und seine Spelzen sind sehr schmal. Nimmt man hierauf Rücksicht, so kann man alles Wesentliche, was vom Weizen gesagt wurde, an unseren meisten Getreidegräsern sehen, z. B. am Roggen, Dinkel oder Spelt, Emmer, Einkorn, und ebenso an Unkraut- und Wiesengräsern wie Quecke, Raigras u. s. w. Im Bau der Ähre mehr abweichend, in den übrigen Beziehungen wiederum ganz ähnlich verhalten sich die Gerstenarten.

Auch beim Hafer finden wir das meiste wie beim Weizen. Samen, Keimung, Bestockung, Laub und Halme, Blüten, Ährchen zeigen in der Hauptsache das Gleiche. Ein sehr auffallender Unterschied aber besteht darin, daß der Hafer keine Ähren hat. Die Ährchen stehen vielmehr auf langen, dünnen Stielen, welche gewöhnlich zu mehreren von einem Punkte des Stengels entspringen. Man nennt solche Grasblütenstände mit langgestielten Ährchen Rispen. Das einzelne Ährchen des Hafers ist wiederum wie beim Weizen oder Roggen gebaut, seine Hüllspelzen sehr groß, weich, die Blütenspelzen kleiner, fest und hart, die unteren mit langer Granne. Ein Ährchen enthält meist 2 Blüten.

Die Hirse, der aus Indien stammende, in warmen Ländern gebaute Reis, sind Gräser mit Rispenblütenständen; desgleichen die meisten wildwachsenden, besonders Wiesengräser. Die Ährchen sind bei manchen sehr klein, aber immer von der gleichen Beschaffenheit.

Es giebt auch Gräser mit nicht zwitterigen, sondern eingeschlechtigen Blüten. Ein solches ist der aus

Amerika stammende Mais, dessen Stengel in eine
Rispe mit nur männlichen Ährchen endigt, während
die weiblichen, fruchttragenden in den unteren Blatt=
winkeln stehen, in dichten Ähren, den bekannten
Maiskolben. Frucht und Samen des Mais sind von
den bei uns vorkommenden Gräsern die größten, der
oben für den Weizen beschriebene Bau derselben
und die Keimung an ihnen daher besonders deutlich
zu sehen.

Verwandtschaftskreise der blütentragenden Pflanzen.

42. In den vorigen Abschnitten haben wir eine
Anzahl von Pflanzenarten beschrieben und mehrfach
gesehen, daß dieselben mit einander und mit anderen
nur kurz erwähnten größere oder geringere Ähnlich=
keit, oder wie wir sagten, Verwandtschaft
haben (vgl. Abschn. 9).

Man unterscheidet hiernach Verwandtschafts=
kreise verschiedener Ausdehnung. Sehr nah ver=
wandte Arten, welche in dem ganzen Bauplan überein=
stimmen und nur durch spezielle Form der einzelnen
Glieder unterschieden sind, bilden zunächst einen
engern Kreis, etwa wie Geschwister; man nennt ihn
Gattung. Die einzelnen Rosenarten: Heckenrose,
Zentifolie, Monatsrose u. s. w., bilden die Gattung
der Rosen; Walderdbeere und Ananaserdbeere u. a.;
die einzelnen Weidenarten; die Chausseepappel und
Silberpappel; die verschiedenen Tulpen; Küchen=
zwiebel, Schnittlauch und Knoblauch; Weizen, Dinkel
und Einkorn, u. s. w., bilden jedesmal mit einander

eine Gattung. Zur kurzen Benennung dieses Ver=
hältnisses hat man jeder Gattung einen Namen ge=
geben und benennt mit diesem alle zu ihr gehörigen
Arten. Jede Art erhält dann noch dazu ihre beson=
dere Benennung. Also z. B. Erdbeere: Walderdbeere,
Ananaserdbeere. Genau durchgeführt ist diese Be=
zeichnungsweise nur mit den lateinischen Namen,
welche man den Pflanzen gegeben hat, um sie bei
verschiedensprachigen Völkern gleichnamig bezeichnet zu
wissen. Die Erdbeergattung heißt also z. B. Fragaria:
Fragaria vesca die Walderdbeere; F. grandiflora
die Ananaserdbeere. Allium heißt die Lauch= und
Zwiebelgattung: A. Cepa die gemeine Zwiebel;
A. sativum der Knoblauch; A. Schœnoprasum der
Schnittlauch. Triticum vulgare ist der Weizen, Tr.
Spelta der Dinkel; Trit. monococcum das Einkorn;
Tr. repens die Quecke, u. s. w.

Zwischen Gattungen bestehen abermals nähere und
fernere Ähnlichkeiten oder Verwandtschaften. Ein
Kreis nahe verwandter Gattungen wird als Familie
zusammengefaßt und von anderen unterschieden; nächst=
verwandte Familien bilden mit einander — wie bei
Völkerschaften — einen Stamm, die Stämme lassen
sich dann weiter gruppieren zu Ordnungen und
Klassen. Zur Benennung der Familien und der
größeren Kreise hat man jedesmal entweder eine
allen Angehörigen gemeinsame auffallende Eigenschaft
oder den Namen einer ihr zugehörigen besonders be=
kannten Gattung oder Art gewählt. Die Familie des
Raps und seiner Nächstverwandten heißt nach der
Form der Blumenkrone die Kreuzblumigen
(Cruciferen). Kirschen, Pflaumen, Mandeln und

Pfirſiche u. a. bilden mit einander die Familie der Mandelartigen oder Steinobſtgewächſe. Himbeeren, Brombeeren, Erdbeeren und Roſen, die Roſenartigen. Äpfel=, Birn=, Quittenbaum, Weißdorn und Ebereſche gehören der Familie der Äpfel= oder Kernobſtgewächſe an. Und Roſen= artige, Steinobſt und Kernobſt bilden mit einander den Stamm der Roſenblumigen Pflanzen. Erbſen, Bohnen, Lupinen, Kleearten u. a. ſind Glieder der Schmetterlingsblütigen Familie, dieſe wiederum des Stammes der Hülſenfrüchtigen.

Kartoffel, Nachtſchatten, Bitterſüß ſind Arten der großen Gattung der Nachtſchatten. Dieſe und die Gattungen des Bilſenkrauts, der Tabakarten und andere bilden die Familie der Nachtſchatten= artigen. Die Gattung des Bienenſaug, die der Salbei, bilden mit vielen ähnlichen die Familie der Lippen= blumigen; Gänſeblumen, Diſteln, Löwenzahn, Kornblumen und viele andere ſind Angehörige der großen Familie der Kopf= oder Korbblütigen. Der Nußbaum gehört einer kleinen, nach ihm be= nannten, bei uns nicht einheimiſchen Familie an. Weiden und Pappeln bilden zuſammen die Weiden= artige Familie; Tulpen, Lilien, Zwiebel, Hyazinthen, die der Lilienartigen; die Gräſer ſind eine Familie für ſich.

43. Die nähere oder fernere Verwandtſchaft tritt oft ſchon auf den erſten Blick hervor. Jeder ſieht ſofort daß Bienenſaug und Salbei miteinander nahe ver= wandt ſind, und daß ſie dem Kirſchbaum oder den Weiden viel ferner ſtehen; oder daß Gräſer, Lilien und Zwiebeln unter einander viel näher verwandt

sind, als mit den übrigen in den Abschnitten 1 bis 36 besprochenen Pflanzen.

Dies trifft aber doch nicht immer zu, und jeden=falls **kann** der erste Eindruck nur dann verstanden und begründet **werden**, wenn man den ganzen Aufbau der Pflanzen jedesmal **genau** betrachtet und vergleicht.

Unter den Erscheinungen, **welche** hierbei gefunden werden, treten nun aber einzelne **hervor**, welche in jedem Verwandtschaftskreise sich gleich **bleiben**, nach den verschiedenen Verwandtschaftskreisen verschieden sind. Sie dienen als Kennzeichen, Merkmale (Charaktere) für die verschiedenen Kreise, und in den Büchern, welche speziell die Unterscheidung und Erkennung der Pflanzenarten zum Zwecke haben, werden sie hierfür benutzt. Jede Klasse, jeder Stamm, jede Familie, jede Gattung innerhalb der Familie, jede Art endlich innerhalb einer Gattung, hat ihre Merkmale. Die Erfahrung hat gelehrt, daß solche am schärfsten — wenn auch bei weitem nicht ausschließlich — hervortreten im Bau der Teile, welche der Fort=pflanzung dienen, also, bei den vorstehend betrachteten Pflanzen, der Blüten und der Samen.

Alle Kreuzblumigen, Schmetterlingsblumigen, alle Steinobst= und Kernobstgewächse, Lippenblumigen, Weidenartigen, Lilienartigen u. s. w., erkennen und unterscheiden wir am besten als solche nach ihren Blüten und Samen; für Gräser und Korb=blütige kommt noch besonders dazu die Form des Blütenstands, Ährchen und Köpfe. Steinobst, Kern=obst, Rosenartige, werden als zusammengehöriger Stamm an dem gleichartigen Bauplan der Blume leicht erkannt, u. s. w.

Lippenblumige und Korbblumige sind mit einander näher verwandt als mit den in Abschnitt 1—22 beschriebenen. Man erkennt das an der bei ihnen vereintblätterigen Krone. Die näheren Verwandtschafts= kreise der Weiden= und Nußbaumartigen sind von anderen durch den Mangel der Blumenkrone oder durch ganz nackte Blüten ausgezeichnet. Die Namen: Vereintkronige, Getrenntkronige, Kro= nenlose bezeichnen diese Merkmale, resp. die entsprechenden Verwandtschaftskreise.

44. Es wurde schon hervorgehoben, daß die in den Abschnitten 36—40 beschriebenen Pflanzen auf den ersten Blick schon einander ähnlicher, verwandter sind als allen vorher betrachteten. Die Hauptmerk= male, an denen wir dieses erkennen, sind: die schmalen, mit gleichlaufenden Längsrippen versehenen Blätter, die dreizählig gegliederten Blüten — 2 × 3 Blätter der Blütendecke, 2 × 3 oder 1 × 3 Staubgefäße, 3 Fruchtfächer; 3 Staubgefäße bei den Gräsern — vor allen Dingen aber der Bau der Keimpflanze, der durch das Vorhandensein von nur einem Keimblatt am besten kurz bezeichnet wird. Wir nennen diese Pflanzen hiernach mit einander Ein= keimblätterige oder Monokotyledonen. Bei allen übrigen oben betrachteten Pflanzen hat die Keimpflanze zwei unter dem Stengelende gegenüberstehende Keimblätter und eine entsprechende Gesamtform. Wir unterscheiden sie nach diesem Merkmal als Zweikeimblätterige, Dikoty= ledonen, von den Monokotyledonen, und finden zu diesen Merkmalen meistens noch die ferneren, daß die Blüten nicht dreizählig gegliedert sind, sondern nach

den Ziffern 2 (2 × 2), 5, oder höheren Ziffern; ferner die Rippen der Blattspreiten netzförmig ver= bunden.

Monokotyledonen und Dikotyledonen stimmen in vielen Stücken ihres Aufbaues und besonders in dem Merkmal überein, daß sie Blüten, d. h. Staub= gefäße, Samenknospen und Samen, und zwar letztere in dem Fruchtknoten resp. der Frucht eingeschlossen, bilden. Wir fassen sie hiernach als Blütenpflan= zen und zwar als fruchttragende Blüten= pflanzen zusammen. Alle fruchttragenden Blüten= pflanzen verteilen sich in die beiden großen Ver= wandtschaftskreise der Mono= und Dikotyledonen.

Aber nicht alle Blütenpflanzen, d. h. nicht alle, welche Staubgefäße und Samen haben, sind auch zugleich fruchttragende. Es giebt vielmehr noch andere, bei denen die Samenknospen und Samen nicht in einem Behälter, welchen wir Frucht nennen, sondern unbedeckt, nackt in der Blüte stehen. Diese heißen nach diesem Merkmal Nacktsamige. Ihr Bau und besonders ihre Samenbildung zeigt viele Eigen= tümlichkeiten, welche sie von den fruchttragenden Blütenpflanzen sehr unterscheiden, welche aber feinere Untersuchungen erfordern, als hier ohne Mikroskop angestellt werden können. Aus diesem Grunde wurden für dieselben oben keine Beispiele beschrieben. Von unseren einheimischen Pflanzen sind die Nadel= hölzer: Tannen, Fichten, Föhren, Eibe, Wachholder, nacktsamige.

Farne. Blütenlose Pflanzen.

45. In unsern feuchten Wäldern und Gebirgen wachsen häufig Farnkräuter oder Farne, und wir wollen von ihnen den besonders oft vorkommenden Wurmfarn betrachten. Die meisten anderen Farne sind diesem in allen hauptsächlichen Erscheinungen sehr ähnlich, die folgende Beschreibung paßt daher in vielen Stücken auf alle; nur nicht in Beziehung auf die bei den einzelnen Arten sehr mannigfaltigen Gestaltungen der Blätter und ihrer Teile.

Der Wurmfarn ist kenntlich an seinen Blättern. Diese sind einen bis zwei Fuß lang und von länglichem Gesamtumriß. Ihre Spreite ist geteilt in fiederig geordnete, durch ein stielartiges Mittelstück verbundene Hauptabschnitte; jeder dieser abermals in kleine fiederig gestellte, am Rande kurz gezähnte Läppchen. Figur 36 stellt ein solches dar. Die ganz jungen Blätter sind um ihre Spitze herum eingerollt und wickeln sich von unten nach oben auf in dem Maße, als sie größer werden. Die Blätter sitzen mit starken, dicht schuppig behaarten Stielen wechselständig gedrängt über einander an einem dicken, verzweigten oder unverzweigten Stamm, der sich nicht über den Boden erhebt, und an diesem durch zahlreiche Wurzeln befestigt ist. Diese entspringen seitlich an dem Stamm und den Blattansatzstellen.

Jeden Sommer bildet der Stamm eine Anzahl neuer Blätter, während die alten vorjährigen bis auf ihre lange frisch bleibende Ansatzstelle absterben;

und so geht es immerfort weiter. Der Farnstock
kann viele, viele Jahre alt werden; Blüten bringt
er nie, Samen daher auch nicht. Dafür treten an
Blättern eines jeden Jahrgangs auf der Unterfläche
der Abschnitte runde Körper auf, erst weiß, dann
braun und schwarz werdend, aus welchen die An=
fänge neuer Pflanzen hervorgehen. Wir nennen diese
runden Körper wohl kurzweg die Häufchen,
weil jeder derselben aus einer Anhäufung zahlreicher
noch kleinerer besteht. Sucht man diese mit der Lupe
auf, so zeigt sich, daß sie mit einander von einem
runden, der Blattfläche angewachsenen Häutchen wie
von einem Schleier bedeckt sind, welches jedoch
bald, wenn das Häufchen schwarz wird, schrumpft
und vertrocknet. Fig. 36 zeigt 7 von dem runden
Schleier bedeckte Häufchen auf der
Unterfläche eines Blattlappens. An
dem achten mit a bezeichneten ist
der Schleier weggenommen; man
sieht daher die unter ihm befindlichen
kleinen Körper. Sie sind rund und
stehen auf je einem kleinen Stielchen.
Anfangs ist ihre Oberfläche glatt,
glänzend. Zuletzt reißt sie auf und
man erkennt dann daß jeder ein
kleines Säckchen ist, dessen schließlich
aufreißende Wand Körnchen enthält
und beim Aufreißen entleert, wie die
Staubbehälter einer Blume den

Fig. 36.

Blütenstaub. Legt man ein nicht zu altes Blatt
mit der Unterfläche auf ein weißes Papier, so
reißen in dem Maße, als es trocken wird, immer

mehr der Säckchen auf und das Papier wird von
den entleerten Körnchen wie von dunkelbraunem
Pulver fein bestaubt. Man nennt die Körner aus
nachher zu erklärenden Gründen Keimkörner oder
Sporen, das sie bergende Säckchen Sporen=
behälter oder Sporensack; jene Häufchen, zu
welchen diese vereinigt sind, daher Sporensackhäufchen
oder abgekürzt Sporenhäufchen.

Der Name Keimkörner soll andeuten, daß die
Körner, wenn auf feuchten Boden ausgesäet, keimen
ähnlich wie Samen, d. h. eine neue Pflanze bilden.
Daß dies der Fall ist, kann man leicht sehen, wenn
man sie auf Papier aufsammelt und dann auf feucht
gehaltene Erde säet.

Die Keimkörner sind aber keine
Samen, denn sie entstehen weder
aus einer Samenknospe, noch ent=
halten sie jemals, etwa wie reife
Samen, eine Keimpflanze, welche nach
dem Aussäen nur wächst, d. h. größer
wird. Sie sind vielmehr, wie der
vorhin mit ihnen verglichene Blüten=
staub, von sehr einfachem Bau, von
dem hier keine ausführliche Beschrei=
bung gegeben werden soll, weil man
ihn nur mit sehr starken Vergröße=
rungsgläsern genau erkennt, von dem
aber der Vergleich mit einem schleim=

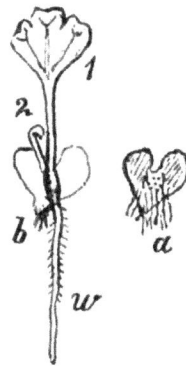

Fig. 37.

erfüllten einfachen Bläschen (Seite 12) eine ohngefähre
Vorstellung giebt. Die Keimung besteht nun darin, daß
dieses Bläschen größer wird, laubgrüne Farbe annimmt
und allmählich heranwächst — bei weitem nicht zu einem

beblätterten Farnkraut, sondern zu einem Pflänzchen
von der Gestalt eines kleinen, flachen, einfach herz=
förmigen, grünen Blatts, wie Fig. 37 a darstellt.
Man nennt dasselbe den Vorkeim. Dieser richtet
sich gegen den Boden schräg auf, mit der einen,
also untern Fläche diesem zu=, mit der andern obern
ihm abgekehrt; seine Unterfläche treibt, wie das Bild
zeigt, zahlreiche Haare, welche ihn am Boden befestigen.
So kann er viele Monate lang als selbständige
Pflanze bestehen und weiter wachsen. Auf der Unter=
fläche entstehen aber noch andere Teile, welche aller=
dings wiederum so klein sind, daß sie in der Abbil=
dung nur durch Punkte angedeutet und nur mit
sehr starker Vergrößerung genau erkannt werden
können: den Staubgefäßen vergleichbare Säckchen,
aus welchen dem Blütenstaub vergleichbare Bläschen
austreten; und andere, wie sehr einfache Samen=
knospen beschaffene. Im Innern der letzteren entsteht
nun zuletzt eine neue, Stamm, Blätter und Wurzeln
bildende Pflanze; und zwar findet dies gewöhnlich
nur in einer der kleinen Samenknospen statt, welche
gerade unter der Einbuchtung des herzförmigen Vor=
keimes steht. Der Stamm der jungen Pflanze bleibt
zunächst kurz und im Vorkeim sitzen. Sein erstes
Blatt aber streckt sich rasch, durchbricht die Oberfläche
der Samenknospe, in der es entstanden war, und
tritt unter der Bucht des Vorkeims empor als ge=
stieltes, fächerförmiges Blättchen, zwar klein, aber
doch viel größer werdend als der Vorkeim. Auf das
erste Blatt folgt bald ein zweites, drittes und so fort,
jedes folgende immer größer wie die früheren, und
den fiederteiligen der alten Pflanze ähnlicher. Schon

das vierte bis fünfte ist denen der alten Pflanze ganz ähnlich, nur noch kleiner. Die im zweiten Jahre getriebenen Blätter werden schon fußlang; die des dritten, manchmal selbst des zweiten, können wieder Sporenhaufen bilden. Dicht unter dem ersten Blatt und gleichzeitig mit ihm entsteht an der jungen Pflanze eine Wurzel, welche in den Boden dringt; unter den nächstfolgenden Blättern desgleichen; unter den späteren, stärkeren Blättern jedesmal mehrere Wurzeln. Daß mit der fortschreitenden Blattbildung auch das Stämmchen erstarkt und wächst, braucht kaum gesagt zu werden. Der Vorkeim endlich bleibt bestehen, bis die junge Pflanze einige Wurzeln und Blätter hat und stirbt dann allmählich ab. — Fig. 37 b zeigt einen Vorkeim von der Unterseite, an welcher eine Keimpflanze mit erstem Blatt (1), erster Wurzel (w) und Anfang des zweiten Blattes (2) hervorgetreten ist. Solche Vorkeime und Keimpflänzchen kann man an feuchten, schattigen Orten im Freien oft zwischen alten Farnstöcken finden.

46. Die Betrachtung der Farnpflanze und ihrer Entstehung aus dem Keimkorn lehrt uns die Thatsache kennen, daß es Pflanzen giebt, welche keine Blüten, keinen Blütenstaub, keine Samen bilden; also blütenlose Pflanzen. Unter diesen stellen die Farne einen großen Verwandtschaftskreis dar. Sporenhäufchen auf den Blättern und der Vorkeim, aus dem wiederum eine beblätterte Pflanze hervorgeht, sind die am meisten auffallenden Merkmale desselben. Es giebt sehr viele Farne und in heißen Ländern wachsen viele derselben zu stattlichen Bäumen heran; also Farnbäume gegenüber unseren Farnkräutern.

Dem Verwandtschaftskreis der Farne gehören von gewöhnlichen Pflanzen noch an, die Schachtel= halme. Sie sind von jenen durch die Form von Stengel und Blättern leicht zu unterscheiden: letztere stellen kurze, fein gezähnte Scheiden an den gestreckten und längsriefigen Stengeln dar, und diejenigen Blät= ter, welche Sporenbehälter tragen, sind am Ende der Stengel in einen dichten Körper zusammen gedrängt. Alles übrige, insonderheit auch der Vorkeim und seine Entwicklung, ist ganz ähnlich wie bei den Farnen.

Farne, Schachtelhalme und einige andere, weniger allgemein vorkommende, kleine Familien ähnlicher Beschaffenheit bilden daher mit einander einen Kreis verwandter Formen, welcher der farnartige ge= nannt wird.

Derselbe knüpft sich auf der einen Seite aus Gründen, welche hier nicht dargelegt werden können, an die nacktsamigen Blütenpflanzen an. Auf der andern Seite schließen sich an ihn andere einfachere Pflanzen, zunächst die Moose.

Moose.

47. Das Moos, das grüne, wie es auf Mauern, Felsen, Baumstämmen, auf dem beschatteten Wald= boden und ähnlichen Plätzen wächst, besteht aus be= blätterten Pflänzchen mit verzweigten oder unver= zweigten Stengeln. Sie sind allerdings klein, aber auch die kleinsten braucht man nur genau anzusehen, um die Zweige und Blättchen meist sehr deutlich zu erkennen. Nur wenige machen hiervon eine Aus= nahme, in so fern sie verhältnismäßig große, breite

Stengel und kaum erkennbare Blätter besitzen, etwa wie unter den Blütenpflanzen ein Kaktus. Wurzeln hat die Moospflanze nicht, nur Haare, welche sie an den Boden befestigen, wie den Farnvorkeim.

So ein beblättertes Moospflänzchen trägt nun alljährlich dieselben, Samenknospen und Staubbehältern vergleichbaren (aber nicht gleichen), Organe, wie der Vorkeim des Farnkrauts. In jenen entwickelt sich auch der Anfang einer jungen Pflanze. Diese bleibt aber auf dem beblätterten Stämmchen sitzen und wächst nicht wieder zu einem solchen heran, sondern zu einem — meistens lang gestielten — Körper von runder, ovaler, becherförmiger u. s. w., gerader oder krummer Gestalt, je nach den Arten mannigfach verschieden. Dieser Körper bildet in seinem Innern Sporen oder Keimblätter, wie die Behälter auf den Farnblättern. Man nennt ihn daher S p o r e n k a p s e l des Mooses, M o o s k a p s e l. Sind die Sporen fertig, reif, so reißt die mittlerweile braun oder schwarz gewordene Kapsel auf; bei vielen Moosen der Quere nach, so daß das obere Ende wie ein Deckel abfällt. Die reifen Sporen fallen dann aus der Kapsel heraus, und wenn sie feucht liegen, kann aus jeder wieder ein neues beblättertes Moospflänzchen werden.

Fig. 38.

Fig. 38 stellt das auf Erde und Mauern sehr häufige, nach seinen krummen und gedrehten Kapsel=

ſtielen benannte D r e h m o o s dar. Drei beblätterte
Zweige tragen reife, birnförmige Kapſeln auf langem,
borſtenähnlichem Stiel; der vierte, links, eine junge
Kapſel.

Algen oder Tange.

48. An die Mooſe ſchließen ſich zahlreiche andere,
einfacher gegliederte Gewächſe an, zunächſt die T a n g e
oder A l g e n. Sie ſind meiſtens Bewohner des
Waſſers oder ſehr naſſer Orte. Wer das Meer ge=
ſehen hat, kennt ſie als anſehnliche Pflanzen von
grüner, oder brauner, oder roter Farbe, welche auf
den Felſen des Strandes und auf dem ſteinigen
Grunde untergetauchte Wieſen und Gebüſche bilden.
Viele dieſer Meeresbewohner ſind ſehr ſtattliche,
ſelbſt rieſig große Gewächſe. Andere, zumal die rot
gefärbten, ſehr zierlich gegliedert, daher öfters zu
jenen niedlichen, auf Papier geklebten Boucketts ver=
wendet, welche die Leute vom Meere mitbringen.

Die Tange unſerer nicht ſalzigen Gewäſſer ſind
unſcheinbare Gewächſe. Sie ſtellen für das bloße
Auge ſchön grüne, oder blaugrüne, oder bräunliche
Maſſen dar, welche in fließenden Gewäſſern, an
Steinen, Balken und dergleichen angewachſen, in der
Strömung fluten, oder in ſtehendem Waſſer an der
Oberfläche ſchwimmen, oder auf dem Grunde liegen;
oder auf untergetauchten Körpern, naſſen Felſen der
Gebirge, formloſe meiſt ſchleimige Überzüge bilden.
Auch auf naſſer Erde, ſelbſt an feuchten Straßen=
ecken kommen ſolch kleine Algen vor in Form von
rein oder ſchmutzig grünen Überzügen. Manche be=

wohnen selbst trockene Orte; sie wachsen hier freilich auch nur so lange sie durch Regen oder Tau Feuchtigkeit erhalten und stehen bei Trockenheit im Wachstum still, etwa wie ein Baum im Winter. Jener grüne Staub z. B., welcher so häufig alte Baumrinden, Bretterzäune, Steine bedeckt, besteht aus solchen Algen. Alle diese Massen sind Anhäufungen, gleichsam Gebüsche kleiner Pflänzchen, welche man oft mit bloßem Auge deutlich als grüne Fäden unterscheidet; viele sind jedoch so klein, daß man sie selbst mit der Lupe nicht mehr einzeln erkennen kann.

Es giebt sehr viele Arten dieser Gewächse, etwa eben so viele als es monokotyledone Blütenpflanzen giebt; und zwar nicht nur unter den großen Bewohnern des Meeres, sondern auch unter den kleinen und kleinsten. Auch um die großen in ihren Eigentümlichkeiten genügend kennen zu lernen, braucht man das Mikroskop, und da wir keines haben, können wir nicht näher auf dieselben eingehen. Merken wir daher nur kurz, daß viele derselben, den Moosen ähnlich, aber nicht in der gleichen Form, Kapseln mit Keimkörnern bilden, und daß allen wenigstens denen der Moose vergleichbare Fortpflanzungsorgane zukommen, seien es Keimkörner, seien es anderweitige Einrichtungen. Die Algen sind also gleich den Moosen blütenlose, Keimkörner bildende Pflanzen; manche sind den Moosen bei aller Verschiedenheit nahe verwandt. Was sie aber meist auf den ersten Blick von diesen wie von den Farnen und Blütenpflanzen unterscheidet, ist der Aufbau ihres Körpers. Derselbe kann stattlich, er kann sehr regelmäßig und sehr reich gegliedert sein, er ist aber a n d e r s gegliedert, es fehlt ihm der Aufbau aus Stamm und Blättern. Ein Pflanzenkörper, welcher dieser letzteren Gliederung entbehrt, wird Lager oder Thallus genannt. Die Form desselben ist nach den Arten mannigfaltig verschieden. Er kann nach allen Seiten gleichmäßig wachsen und abgerundet sein wie eine Kugel, oder halbkugelig gestaltet; bei vielen kleinen Algen hat er die Form eines Fadens mit

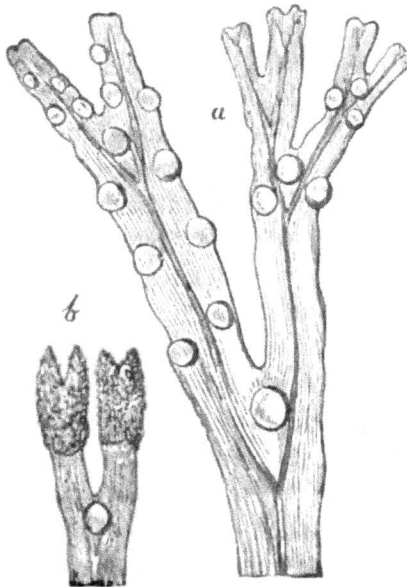

Fig. 40.   Fig. 39.

zahlreichen, gleichartigen Ästen oder völlig unver= ästelt. Von großen Arten sei beispielsweise der an unseren Seeküsten sehr häufige Blasentang ge= nannt, von welchem Fig. 39 ein Stück in etwa $\frac{1}{2}$ der natürlichen Größe zeigt: ein Körper von der Form eines Riemens, unten mit einer kleinen in der Figur nicht mitgezeichneten Ausbreitung am Felsen festsitzend; nach der andern Seite zu wachsend und von Strecke zu Strecke in zwei gleiche Zweige geteilt. Jeder dieser wächst ein Stück weit ungeteilt in die Länge und teilt sich dann wieder. Zuletzt hört Längswachstum und Verzweigung auf und in den etwas anschwellenden äußersten Zweigenden, welche alsdann die Form von Fig. 40 annehmen, werden zahlreiche Fortpflanzungsorgane gebildet. Die Mitte der flachen Zweige wird von einer stumpfen vorspringenden Rippe durchzogen und neben dieser liegen in unregelmäßigen Abständen runde, hohle Anschwellungen, welche mit Luft gefüllt sind und der Pflanze als Schwimmblasen dienen.

Wir sahen, daß viele Algen lebhaft grün aussehen, wie das Laub der Moose oder Blütenpflanzen. Dieselbe grüne Farbe haben aber alle Algen oder Tange, auch die roten und braunen. Das klingt sonderbar, man kann es aber leicht auch sehen. Steckt man z. B. einen frischen roten Tang in reines, warmes Wasser, so ist dieses nach einiger Zeit rot gefärbt und die Pflanze bleibt grün zurück. Es ist also ein roter färbender Stoff in das Wasser gegangen, ein grüner in der Pflanze übrig, und man kann sich überzeugen, daß der letztere nicht erst durch die Einwirkung des warmen Wassers entstanden, sondern von Anfang an vorhanden, und nach Entfernung des roten zurückgeblieben ist. Er war also in der lebenden Pflanze durch letzteren für unser Auge nur unsichtbar gemacht,

verdeckt. Ähnliches gilt für die braunen und vio=
letten Tange. Und zwar zeigt die genauere Unter=
suchung, daß der grüne Farbstoff in allen der gleiche
ist, wie im grünen Laube eines Baumes.

Pilze und Schwämme.

49. Es giebt nun aber auch blütenlose und nicht
blattbildende Pflanzen, welche sich von den Algen
dadurch allgemein unterscheiden, daß sie niemals
jene grüne Laubfarbe bilden. Wir nennen dieselben die
Pilze. Die Arten dieser Gewächse sind sehr zahl=
reich, ohngefähr so viel als die aller übrigen Ver=
wandtschaftskreise zusammen, und wir begegnen ihnen
überall, wo tote Pflanzen oder Tiere oder deren
Abfälle sich finden, also z. B. in Wäldern auf dem
mit altem Laub bedeckten Boden, auf gedüngter
Erde, faulem Holz. Ja, selbst auf oder in lebenden
Pflanzen und Tieren kommen welche vor. In reinem
Wasser dagegen, weder in dem Meere, noch in Süß=
wassern, auf Felsen, kommen keine Pilze für sich
allein vor; wo man sie etwa an solchen Orten zu
finden glaubt, da sind immer auch andere tote oder
lebende Pflanzen oder Tierkörper oder Reste dieser.

Viele Pilze sind sehr klein und unscheinbar. Jeder
hat solche oft gesehen, denn was man Schimmel
nennt, sind kleine, fadenförmige Pilze, welche die
verschimmelnden Gegenstände bewohnen. Die gewöhn=
lichen Schimmelformen erscheinen dem bloßen Auge
als weiße Flocken; das sind eben die fadenförmigen
Pflänzchen. Dann bedeckt sich die flockige Masse mehr

und mehr mit blaſſem, oder grünem, oder ſchwarzem abfärbendem Pulver : das ſind die Keimkörner. Jedes derſelben kann wieder zu einem Pilzpflänzchen heran= wachſen, wenn es den paſſenden Boden findet, und jedes Schimmelpflänzchen, überhaupt jeder Pilz iſt aus einem Keimkorn entſtanden. Ähnlich wie mit dem Schimmel auf toten Körpern verhält es ſich mit dem Meltau auf lebenden Pflanzen, z. B. dem Weinſtock, dem Hopfen, den Erbſen. Derſelbe beſteht ebenfalls aus fadenförmigen, farbloſen Pflänzchen, welche Blätter, Stengel, Früchte als weißer, mehl= artiger Überzug bedecken. Zu den unſcheinbaren Pilzformen gehört auch die Heſe, welche beim Backen, bei der Gährung von Bier und Wein in Anwendung kommt. Mit dem Mikroſkop erkennt man, daß ſie aus unzähligen, eiförmigen, ebenfalls Keim= körner bildenden Pflänzchen beſteht. Dieſe ſind ſo klein, daß man ſie mit dem bloßen Auge nicht einzeln unterſcheiden kann; auf der Strecke eines Millimeters haben ihrer etwa 150 neben einander Platz.

Größere Pilze finden ſich z. B. in Form von halbkugeligen, ſcheibenförmigen u. ſ. w., ſchwarz, braun, rot gefärbten Körpern, meiſt derb, oft hart, auf faulem Holz, toten Baumäſten.

Die ſtattlichſten ſind jene Formen, welche als Schwämme und als Flechten allbekannt ſind.

50. Die meiſten Schwämme haben in ihrem auffallendſten, größten Teile die Geſtalt eines auf= geſpannten Regenſchirms. Ein runder aufrechter Stiel trägt einen kreisförmigen Schirm, den Hut. So z. B. bei dem eßbaren Champignon (Fig. 41), dem gleich=

falls wohlschmeckenden Steinpilz (Fig. 42) [1], dem giftigen, mit scharlachroter und weißwarziger Hut=oberfläche versehenen Fliegenschwamm. Beim Champignon, dem Fliegenschwamm und vielen ähn=lichen sieht man auf der untern Fläche des Huts zahlreiche, wie Messerklingen gestaltete Platten, mit der Schneide abwärts gekehrt, wie Strahlen vom

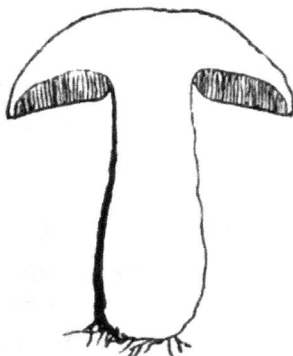

Fig. 41.   Fig. 42.

Stiel zum Hutrande verlaufen. Beim Fliegenschwamm sind sie immer weiß; beim Champignon zu allererst weiß, dann rötlich und immer dunkler, zuletzt schwarz werdend. Figur 41 zeigt Hut und Stiel des Cham=pignon in der Mitte längs durchschnitten und die Platten punktiert. Legt man einen frischen, erwach=senen Champignon mit der Unterfläche des Huts auf ein weißes Papier, so ist dieses nach einigen Stunden mit schwarzem Pulver bestreut und zwar bildet letz=teres Streifen von der Richtung der Platten. Der

---

[1] Fig. 41 und 42 sind verkleinert.

Pilz selbst ist unverändert. Dasselbe findet bei dem Fliegenschwamm statt, mit dem Unterschied, daß das abfallende Pulver weiß ist, man muß daher ein dunkles Papier nehmen. Das abfallende Pulver sind die Keimkörner, aus welchen wiederum neue Pilze erwachsen können. Man sieht aus diesen Erscheinungen, daß die Keimkörner auf der Fläche der Platten ge= bildet werden und von dieser abfallen; diese Fläche ist von der die Körner bildenden Schichte wie von einer Haut überzogen, der keimbildenden oder Keim = haut. Die Keimkörner selbst, die also beim Cham= pignon schwarze, beim Fliegenschwamm weiße Farbe haben, sind mit bloßem Auge kaum zu unterscheiden, etwa 100 haben auf der Strecke eines Millimeters neben einander Platz; da sie über die ganze Fläche ein dichtes Pulver bilden, müssen sie in sehr großer Zahl, zu vielen Tausenden vorhanden sein.

Legt man einen frischen Steinpilz mit der Hut= unterfläche auf dunkles Papier, so bedeckt sich dieses auch mit weißem Keimkornpulver. Wir können hieraus vermuten, daß jene Fläche von einer eben so wie beim Fliegenschwamm beschaffenen Keimschichte über= zogen wird und die feinere Untersuchung mit dem Mikroskop bestätigt dieses. Auf der Fläche selbst aber stehen keine Platten, sondern sie ist bedeckt von hart an einander stoßenden offenen Röhrchen, wie der in Fig. 42 abgebildete Längsdurchschnitt andeutet; die Keimhaut muß daher die Oberfläche dieser hier be= decken, wie sie dort die Platten bedeckt.

Der Fliegenschwamm, Champignon und Steinpilz stimmen hiernach überein dadurch, daß sie einen Hut und eine Keimhaut auf der Unterseite dieses haben.

Man nennt sie daher mit einander Hut- oder (Keim-) Hautpilze. Bei den einen bedeckt die Keimhautfläche jene Platten, die auch Blätter genannt werden; sie heißen Platten- oder Blätterschwämme, resp. -Pilze. Der Steinpilz ist ein Röhrchenpilz oder Löcherpilz, insofern die Mündung jedes Röhrchens ein kleines Loch auf der Hutunterfläche darstellt.

Es giebt auch Hutpilze, welche weder Röhren noch Platten, sondern von der Keimhaut überzogene Stachelchen auf der Hutunterseite haben, also Stachelpilze.

51. An faulem Holz, Baumstämmen u. s. w., wachsen viele große Pilze heraus, welche meist hart, holzig, zähe sind und die Gestalt von Fächern oder Pferdehufen haben. Sieht man die nach unten gekehrte Fläche dieser Körper an, so ist sie bei den meisten wie beim Steinpilz, bei manchen auch wie bei den Blätterschwämmen beschaffen, und zwar in allen Einzelheiten. Auch diese Körper nennen wir daher Hut- oder Löcheroder Blätterschwämme; sie unterscheiden sich von jenen schirmförmigen dadurch, daß der Hut keinen Stiel hat und mit der einen Seite des Randes befestigt ist, und durch die Härte und Saftarmut.

Noch andere, saftige, weiß, gelb, orange gefärbte Schwämme stehen auf dem Waldboden in der Gestalt von Keulen oder von Körpern, welche verzweigt sind wie Geweihe oder Sträucher oder Korallen. Diese Keulen- und Korallenschwämme sind auch Hautpilze. Ihre Keimhaut bedeckt die glatte Oberfläche.

Bei den Morcheln endlich werden die Keimkörner in der braun gefärbten Schichte gebildet, welche

die faltige oder runzelige obere Fläche des kegelför=
migen oder unförmigen gestielten Hutes bedeckt.

52. Auf Wiesen, Waldboden u. dergl. findet man
oft Schwämme mit heller, glatter oder warziger
Oberfläche. Sie sitzen ohne Stiel auf dem Boden,
haben die Form von Eiern oder runden oder läng=
lichen Blasen, und werden so groß wie Tauben= oder
Hühnereier, manche noch viel größer. Sind sie sehr
jung, so ist ihr ganzer Körper weiß, saftig, man
kann sie alsdann auch essen, sie schmecken aber schlecht.
Älter geworden sind sie trocken, und wenn man stark
drauf drückt, platzt ihre Oberfläche und heraus fliegt
ein reichlicher, schwarzer oder brauner, mit Flocken
vermengter Staub. Dieser besteht aus den zahllosen
Keimkörnern. Es werden letztere also hier im Innern
des Körpers gebildet, umschlossen von der zuletzt
trockenen, leicht zerreißenden Außenschichte wie von
einem Behälter. Solche Pilze nennt man Staub=
schwämme oder Bauchpilze. Auch die Trüffeln
sind Pilze, welche ihre Keimkörner im Innern des
außen schwarzen, warzigen Körpers bilden. Sie unter=
scheiden sich von den Bauchpilzen unter anderm da=
durch, daß sie zeitlebens durch und durch saftig bleiben.
Es ist bekannt, daß diese Pilze immer unter der Bo=
denoberfläche, oft recht tief in der Erde wachsen, was
übrigens auch manche Bauchpilze und andere
Schwämme thun.

53. Wenn man irgend einen der genannten größe=
ren Pilze, also Champignon, Fliegenschwamm, Stein=
pilz, Staubschwamm u. s. w., von dem Orte, wo er
wächst, abnimmt, so reißt immer etwas durch, womit

er festgewachsen war. Er hat nie glatt auf dem Bo=
den oder dem Baumstamm aufgesessen. In lockerm
Boden ist leicht zu erkennen, daß von der Ansatzstelle
Fäden und Fasern verschiedener Stärke abgehen und
sich im Boden verzweigen und ausbreiten. Bei dem
Champignon z. B. sind die Fasern weiß. Der Gärt=
ner, welcher den Pilz für die Küche ziehen will,
bringt dieselben (sie sind als „Schwammbrut" zu
kaufen) in gedüngten Boden; hier wachsen sie, und
die Anfänge der gestielten Hüte entstehen an ihnen
als zuerst kleine runde, allmählich anschwellende Äst=
chen. Figur 41 zeigt dieses am Grunde des Stiels bei a.
Die Hüte sind also nur Teile, Zweige einer mit
ihrem andern, unscheinbareren Teil im Boden wach=
senden Pflanze; und zwar sind es, wie wir sahen,
die Träger der Keimkörner; man kann sie daher
Blüten= oder Fruchtständen vergleichen (Abschn. 17).
Jener bodenständige Teil ist ferner der zuerst vor=
handene; an ihm entstehen erst die Hüte, etwa wie
der Blütenstand der Erdbeere an dem Bodenstock. Er
ist aus den gesäeten Keimkörnern zuerst entstanden.

54. Die Flechten finden sich in mannigfaltiger
Form auf Felsen, Baumrinden, Erdboden. Manche
stellen reich verästelte, strauchartige Körper dar, z. B.
die weiße Renntierflechte auf Heideboden, die
Bartflechten, welche zumal in Gebirgen, wie
graue, struppige Bärte an Bäumen hängen; das
sogenannte isländische Moos (welches man in
der Apotheke kaufen kann), und welches gleichfalls
aufrechte, flache, strauchig verästelte Körper auf Heide=
boden, besonders in Gebirgen, bildet. Andere sind
flache, blattähnliche, lappig verzweigte Körper, mit

der einen Fläche durch feine Härchen am Felfen,
Steinen, Bäumen feftgewachfen; die meiften grau,
manche anders gefärbt, z. B. die in Figur 43 abge=
bildete gelbe Wandflechte, welche wohl als die
häufigfte derartige Pflanze faft überall an Bäumen,
Brettern, Mauern, Steinen wächft. Noch andere end=
lich bilden feft angewachfene, glatte oder unebene
Kruften, z. B. die auf Buchen=
ftämmen überall vorhandenen,
welche man auch am buchenen
Brennholz recht gut fehen
kann. Diefen Kruften fitzen
dann faft immer kleine, braune
oder fchwarze Schüffelchen auf,
gewöhnlich in großer Zahl.
Das find die Behälter der
Keimkörner, welche in der=
felben Form, oder als kleine

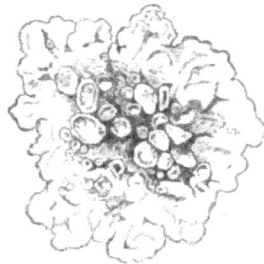

Fig. 43.

glatte Köpfchen verfchiedener Farbe auch auf den
blattartigen und den ftrauchartigen Flechten fich
finden; bei der gelben Wandflechte z. B. als fchön
orangenfarbige Schüffelchen (Fig. 43). Sie find in
ihrem feinern Bau dem Keimkörnerapparat vieler
Pilze gleich, z. B. dem der Morcheln. Auch die
übrigen Teile haben den gleichen Bau wie bei den
Schwämmen. Sie find daher gleich diefen Pilze von
jeweils befonderer Form. Was viele unter ihnen
von diefen auf den erften Blick befonders auszeichnet,
ift ihre Lebensweife, der Ort ihres Vorkommens, auf
nacktem Fels, kahlem Sandboden, wo von anderen
Pflanzen oder Tieren, oder deren Abfällen nichts
vorhanden zu fein fcheint. Dies verhält fich aber bei

näherer Betrachtung anders. Macht man eine Flechte naß, so ändert sich ihre Farbe, sie erscheint mehr oder minder grünlich, wie wenn durch die benetzte Oberfläche etwas Grünes durchschimmerte. Und schneidet man sie durch, so wird klar, daß wirklich etwas Grünes darin ist, man sieht schon mit bloßem Auge oder mit der Lupe grüne Streifen oder Punkte in der nicht grünen Substanz; und zwar ist die Farbe meist schön laubgrün. Das scheint wieder nicht zu dem oben für die Pilze allgemein angegebenen Verhalten zu passen, es paßt aber doch. Jene grünen Streifen und Punkte sind nämlich nicht Teile des Pilzes, sondern es sind kleine grüne Algen (S. 111), welche in und mit dem Pilze wachsen, und mit und von welchen dieser wächst und lebt, etwa wie die Meltaupilze von der Erbsenpflanze. So verhält es sich bei allen Flechten. Diese sind also Pilze besonderer Formen, welche sich von den übrigen dadurch unterscheiden, daß sie in ihrem Körper kleine, grüne Pflänzchen anderer Art beherbergen und mit diesen zusammen wachsen.

Das Pflanzenreich.

55. Den in vorstehendem kurz betrachteten größeren Verwandtschaftskreisen gehören alle Gewächse an; die einen diesem, die anderen jenem. Andere kennen wir nicht.

Stellen wir dieselben kurz zusammen, so erhalten wir für die größeren Kreise folgende Tabelle:

I. Blütentragende.
  1. Fruchtbildende.
      a. Dikotyledonen.
      b. Monokotyledonen.
  2. Nacktsamige.
II. Farnartige.
III. Moose.
IV. Algen und Pilze.

In diese größeren Kreise ordnen sich dann die kleineren, die wir Familien, Gattungen genannt haben, und endlich die Arten ein. Die Gesamtheit bildet das P f l a n z e n r e i c h.

Zwischen Angehörigen der in der Tabelle weit aus einander stehenden Kreise ist die Verwandtschaft, welche sich in der Ähnlichkeit ausspricht, eine möglichst entfernte. Ein Kirschbaum, welcher zu I, 1, a. gehört, hat mit dem Fliegenschwamm (IV) gewiß wenig Ähnlichkeit, und würden wir von Gewächsen nur Pilze und Fruchtbäume kennen, so würden wir wohl von dem Pilzreich und dem Baumreich reden, aber schwerlich beide in das eine Pflanzenreich vereinigen. Nun sind aber bestimmte Pilze bestimmten Algen sehr ähnlich, also nahe verwandt; bestimmte Algen den Moosen; diese den Farnartigen; die Ähnlichkeit dieser mit den Blütentragenden tritt auf den ersten Blick hervor. Alle einzelnen Verwandtschaftskreise werden also durch Ü b e r g ä n g e zu einem einzigen verknüpft, etwa wie in der menschlichen Gesellschaft hundert sehr verschiedenartige Leute durch gemeinsame Vettern und Schwäger zu einem großen Familienkreise.

In der Aufeinanderfolge, welche die Tabelle giebt, werden die Angehörigen der einzelnen Kreise immer einfacher. Das wird schon aus den Einzelbetrachtungen in den früheren Abschnitten anschaulich: Ein Blätter, Wurzeln, Blüten bildendes Gewächs ist reicher, minder einfach gegliedert als der blatt= und blüten= lose Tang und Schwamm; die Bildung von Keim= körnern und was damit zusammenhängt, sind einfachere Erscheinungen als Blüten= und Samenbildung. Weit deutlicher und allseitiger tritt dies noch hervor bei eingehender Untersuchung, welche wir hier nicht vor= nehmen, weil wir kein Mikroskop haben. Und auch innerhalb des einzelnen Kreises sind ähnliche Abstu= fungen zu finden: der unverzweigte grüne, im Wasser schwimmende Fadentang ist in jeder Beziehung ein= facher als der stattliche Blasentang, und so fort. Kehren wir daher die Tabelle um, so bezeichnen ihre einzelnen Abteilungen Stufen einer Reihe, welche im großen und ganzen vom Einfachern zum Minder= einfachen aufsteigt.

Die Geologie lehrt uns (vgl. Elementarbücher, Geologie, Abschn. 139, 254), daß in früheren, längst vergangenen Zeiträumen der Erdgeschichte auch Pflanzen auf der Erde gelebt haben. Ihre Reste sind uns in Versteinerungen erhalten, wir können an diesen ihre Gestalt, ihren Bau genau erkennen. Diese versteinerten, vorweltlichen Pflanzenarten waren an= dere, als die heutzutage lebenden, und in jedem der auf einander folgenden großen Zeitabschnitte der Erdgeschichte sind ältere verschwunden, neue vor= handen. Aber alle lassen sich bei noch so großer Verschiedenheit im einzelnen als Angehörige der=

selben Verwandtschaftskreise wie die heute lebenden
erkennen. Wir unterscheiden vorweltliche Tange, Pilze,
Farne, Blütenpflanzen der drei Abteilungen u. s. w.;
keine der sicher bekannten steht außerhalb unserer
Tabelle. In den uns überlieferten Dokumenten der
Erdgeschichte erscheinen aber die verschiedenen Kreise
nicht auf einmal, sondern nach einander; zuerst finden
sich nur Tange, dann kommen Farnartige hinzu,
dann nacktsamige, zuletzt fruchtbildende Blüten=
pflanzen. Nach diesen Thatsachen, welche sich noch
weiter ins einzelne verfolgen ließen, hat sich das
Pflanzenreich, wie es heute besteht, im Laufe der
Erdgeschichte stufenweise ausgebildet, entwickelt,
und die in unserer Tabelle bezeichneten, großen Ver=
wandtschaftskreise entsprechen in der Aufeinanderfolge
von unten nach oben, vom Einfachen zum Minder=
einfachen, den Hauptstufen, welche seine Entwicklung
im Laufe der Zeit durchgemacht hat.

56. Wenn wir sämtliche Angehörigen des Pflanzen=
reichs mit einander verwandt nennen, so müssen
dieselben auch bei aller Verschiedenheit und Mannig=
faltigkeit im einzelnen bestimmte Eigenschaften
mit einander gemein haben, von denen einzelne,
besonders scharf hervortretende nötigenfalls als Merk=
male (Seite 100) benutzt werden können, um sie
von Körpern, die nicht ins Pflanzenreich gehören, zu
unterscheiden. Worin bestehen nun diese allgemeinen
Eigenschaften der Pflanzen?

Bei der Beobachtung der einzelnen Beispiele sahen
wir, daß jede Pflanze wächst, an Größe und Masse
zunimmt und neue Glieder zu den vorhandenen
hinzufügt. Das Wachsen erfolgt in jedem Falle nach

beſtimmten Richtungen und von dieſen hängt jedesmal die Form ab, welche der wachſende Teil erhält.

Wachſen heißt größer werden. Damit ein Körper größer wird, müſſen zu ſeinen anfangs vorhandenen Teilen, oder zu ſeiner vorhandenen Subſtanz neue hinzukommen. Dieſe müſſen ferner außerhalb des wachſenden Teiles zuvor vorhanden ſein, denn aus der Chemie und der Phyſik wiſſen wir, daß kein Körper im ſtande iſt, aus Nichts Etwas zu machen.

Ihre Hinzufügung aber kann auf zweierlei Weiſe geſchehen. Wenn eine Mauer gebaut wird, ſo ſetzt der Arbeiter Stein an Stein, hierdurch wird die Mauer größer; ſie wächſt alſo durch Anlegung oder Anlagerung neuer Teile an die erſt vorhandenen.

Wenn man zu einem Liter Waſſer ein Liter Rotwein gießt, ſo wächſt die Flüſſigkeit natürlich auch. Aber der Wein bleibt nicht auf dem Waſſer liegen, ſondern miſcht ſich mit ihm, die ganze Flüſſigkeit färbt ſich rot. Das heißt mit anderen Worten, die Teile und Teilchen des Weins dringen überall zwiſchen die des Waſſers; unſere Flüſſigkeit wächſt nicht durch An= oder Auflagerung, ſondern durch Zwiſchen= oder Einlagerung der neu hinzukommenden Teile.

Ein Stengelabſchnitt zwiſchen zwei Blättern iſt anfangs z. B. 1 Millimeter lang; er wächſt unter unſeren Augen auf 10 und 100 Millimeter; ſeine durch die beiden Blätter feſt bezeichneten Endpunkte rücken mehr und mehr auseinander; es iſt augen= ſcheinlich, daß dies nicht anders geſchehen kann, als durch Einlagerung neu hinzukommender Subſtanz= teile zwiſchen die zuerſt vorhandenen. Überall, wo wir das Wachsen der Pflanzensubstanz beobachten, finden sich dem Gesagten entsprechende Erscheinungen. Wir kommen daher zu dem Resultat: die Pflanzensubstanz wächst durch Einlagerung. Das unterscheidet sie von den Steinen und Kristallen (Chemie, Abschn. 23), welche auch wachsen, aber wie man leicht sehen kann, durch Anlagerung.

Wenn ein Körper neue Teile aufnehmen soll für sein Wachstum, so müssen ihm dieselben von außen zugeführt werden. Ein Kristall von Alaun (vergl. Chemie, Seite 41) kann wachsen, so lange er von einer Lösung umgeben ist, welche Teile von Alaun enthält, die sich ihm auflagern können; ohne das wächst er nicht.

Die wachsende Pflanze ist umgeben von Luft, Boden und Wasser. Aus diesen müssen ihr die neuen Teile zugeführt werden; sie nimmt letztere aus ihnen auf. Luft, Wasser und Boden enthalten aber keine Pflanzensubstanz, das wissen wir aus der Chemie und das weiß jeder, der sich erinnert, daß Körper wie Holz, Zucker u. s. w., welche eben die Pflanzensubstanz ausmachen, in der Luft, dem Wasser, dem Boden nicht sind. Die Teile, welche die Pflanze aus ihrer Umgebung aufnimmt, sind also von anderer Art, als die der Pflanzensubstanz, und wenn sie diese vermehren sollen, müssen sie erst in dieselbe verwandelt, umgesetzt werden. Die Aufnahme von Substanz aus der Umgebung und ihre Umsetzung in Teile der eigenen Körpersubstanz nennen wir die Ernährung; jene aufgenommenen Stoffe die Nahrung oder die Nährstoffe. Die Pflanze ernährt sich und wächst infolge hiervon.

Der Kristall und der Stein oder eine Flüssigkeits=
masse können wachsen, aber sie ernähren sich nicht.

Wenn das Wachstum der Pflanze einen bestimmten
Grad erreicht hat, so trennen sich bestimmte Teile
von dem Körper ab und sind fähig, selbständig zu
neuen Pflanzen der gleichen Art (Seite 20) heran=
zuwachsen. Wir haben als solche Teile die Samen
und die Keimkörner kennen gelernt. Durch diese bildet
die Pflanze ihre Nachkommen, sie pflanzt sich
fort.

Einen Körper, der sich ernährt, durch Einlagerung
wächst und sich fortpflanzt, nennen wir lebend,
lebendig. Alle noch so verschiedenen Pflanzen
stimmen in den Eigenschaften der lebendigen Körper
überein.

Diese Eigenschaften kommen aber auch allen Tieren
zu; wir nennen letztere aus denselben Gründen, wie
die Pflanzen, lebende Wesen. Wir müssen daher
noch fragen, durch was für allgemeine Eigenschaften
sich die Pflanzen von den Tieren unterscheiden.
Wenn man Pferde und Hunde, oder Vögel und In=
sekten mit Bäumen und Farnkräutern vergleicht,
so erscheint diese Frage sehr überflüssig, denn da
liegen hundert greifbare Unterschiede in Gestalt und
Bau auf der Hand. Es giebt aber viele Tiere, welche
Pflanzen sehr ähnlich gestaltet sind, die Frage ist
daher so müßig doch nicht. Der Hinblick auf jene
genannten großen Tiere beantwortet sie zum größten
Teile (vgl. Tierkunde, Seite 4). Dieselben nehmen
ihre Nahrung auf in einen Darmkanal; sie suchen
dieselbe mit Hülfe von Sinneswerkzeugen, durch
welche sie empfinden, d. h. riechen, schmecken, fühlen,

hören u. s. w., und von Bewegungswerkzeugen, durch welche sie laufen, kriechen, fliegen, greifen. Ihr ganzer Körperbau ist demnach ein anderer als bei den genannten Gewächsen. Und das gilt für die allermeisten Wesen, welche wir Tiere nennen, zum Unterschied von den allermeisten Pflanzen, welche weder einen Darmkanal haben, noch für Empfindung und Bewegung taugliche Körperteile. Freilich gilt es nur für die allermeisten; man kennt manche sehr einfache Tiere, bei welchen uns jene Unterscheidungs= merkmale im Stich lassen. Sie sind einfachen Pflanzen sehr ähnlich; es bestehen, mit anderen Worten, auch nahe Verwandtschaftsbeziehungen zwischen den ein= fachsten Angehörigen des Pflanzenreichs und des Tierreichs.

Register

der in dem Buche vorkommenden Pflanzennamen,
mit Hinzufügung der lateinischen Benennungen.

———

Reprint Publishing

FÜR MENSCHEN, DIE AUF ORIGINALE STEHEN.

Bei diesem Buch handelt es sich um einen Faksimile-Nachdruck der Originalausgabe. Unter einem Faksimile versteht man die mit einem Original in Größe und Ausführung genau übereinstimmende Nachbildung als fotografische oder gescannte Reproduktion.

Faksimile-Ausgaben eröffnen uns die Möglichkeit, in die Bibliothek der geschichtlichen, kulturellen und wissenschaftlichen Vergangenheit der Menschheit einzutreten und neu zu entdecken.

Die Bücher der Faksimile-Edition können Gebrauchsspuren, Anmerkungen, Marginalien und andere Randbemerkungen aufweisen sowie fehlerhafte Seiten, die im Originalband enthalten sind. Diese Spuren der Vergangenheit verweisen auf die historische Reise, die das Buch zurückgelegt hat.

ISBN 978-3-95940-088-6

Faksimile-Nachdruck der Originalausgabe
Copyright © 2015 Reprint Publishing
Alle Rechte vorbehalten.

Made in
Germany

www.reprintpublishing.com

www.ingramcontent.com/pod-product-compliance
Lightning Source LLC
Chambersburg PA
CBHW070923270326
41927CB00011B/2703